Johann von Reisach

Joh. Nepom. Antons Freyherrn v. Reisach, auf Kirchdorf, Holzheim und Callmünz

wirkl. Regierungsraths zu Neuburg Historisch-Topographische Beschreibung des Herzogthums Neuburg

Johann von Reisach

Joh. Nepom. Antons Freyherrn v. Reisach, auf Kirchdorf, Holzheim und Callmünz wirkl. Regierungsraths zu Neuburg Historisch-Topographische Beschreibung des Herzogthums Neuburg

ISBN/EAN: 9783743406360

Hergestellt in Europa, USA, Kanada, Australien, Japan

Cover: Foto ©ninafisch / pixelio.de

Weitere Bücher finden Sie auf **www.hansebooks.com**

Joh. Nepom. Antons, Freyherrn v. Reisach,
auf Kirchdorf, Holzheim und Callmünz; wirkl. Regierungsraths zu Neuburg

Historisch-Topographische
Beschreibung
des
Herzogthums Neuburg.

Regensburg,
im Verlag bey Johann Leopold Montag. 1780.

Durchlauchtigster Churfürst,
Gnädigster Herr Herr!

Euer Churfürstlichen Durchlaucht erhabensten Throne nähere ich mich mit zitternden Schritten, und lege zur untersten Stufe in tiefester Unterthänigkeit nachstehendes geringes Werk, das ich aus einzelnen Urkunden und bewährten Geschichtschreibern durch möglichste Verwendung zusammen getragen habe.

Es führet die Ueberschrift: Historisch-Topographische Beschreibung des Herzogthums Neuburg.

Euer Churfürstliche Durchlaucht geruhen gnä‍digst, dieses Unternehmen statt eines hellbrennen‍den Opfers meiner unabänderlichen Treue und eifrigen Dienstbegierde, in Ermanglung anderer Fähigkeit und innerlicher Kenntniß des Vaterlandes anzunehmen. Würdigen Sie es Höchstdero mäch‍tigsten Schutzes und stärksten Schirms wider die brau‍senden furchtbaren Winde meiner Misgönner. Wie nun Euer Churfürstliche Durchlaucht die tiefeste Ein‍sicht in die alten und neuern Geschichten im weiten

Un‑

Umfange besitzen, und die feurigste Begierde, das schärfste Augenmerk auf die schönen Wissenschaften mit der Muttermilch schon eingesauget haben, auch Höchst-Dero gnädigster Wille zur Kenntniß Allerhöchst-Dero getreuesten Landen, insonderheit des Herzogthums Neuburg immer abzielet, so ward ich ermuntert, an dieses Werk Hand anzulegen, und es mit Gottes Hülfe zu Ende zu bringen. Wenn Euer Churfürstl. Durchl. es mit gnädigen Augen ansehen, und unter Höchstdero sicherstem Schutz mildest nehmen wer-

werden, so bitte Euer Churfürstl. Durchl. ich unterthänigst gehorsamst, nach vorgängiger Prüfung mir die gnädigste Erlaubniß zu ertheilen, daß ich diese geringe Sammlung Höchstihro zueignen und drucken lassen darf, denn es ist bekannt, daß vier Bücher oder Beschreibungen von den vier Rentämtern des Landes Baiern schon seit vielen Jahren her an das Taglicht gegeben worden, ich es aber nach dieser Art fast durchgehends eingerichtet, so, daß es vielen in verschiedenen Vorwürfen zu behögehöriger Wissenschaft dienen kann. Ich werde niemals ermangeln, dieser höchsten Gnade durch unterthänigst treueste Dienste mich würdig zu machen, und den gütigen Gott für Euer Churfürstl. Durchl. um langwürig beglückteste Landesregierung täglich anzuflehen.

Dieß ist der inbrünstige Wunsch, das eifrigste Sehnen und Bitten Höchstdero sämmtlich getreuester Unterthanen.

Dieß

Dieß ist auch mein eifrigster Wunsch und Bitte, der ich mit unverbrüchlicher Treue und unterthänigster Ehrfurcht bis ins Grab verharre:

Euer Churfürstl. Durchl.

Unterthänigst treu gehorsamster Vasall
Joh. Nepom. Ant. Freyherr von Reisach.

Allgemeine
Beschreibung des Herzogthums Neuburg.

Dieß Herzogthum, so unter dem Namen der neuen, oder jungen Pfalz ansonst erscheinet, und den Ursprung, dann Namen im Jahr 1505 zum Unterschied der untern und oberen Pfalz, und weil es jezt erst aufgerichtet wurde, erhielt, schliesset dermal all dasjenige ein, was Kaiser Maximilian den beeden hinterlassenen Prinzen und Söhnen Pfalzgrafen Ruperts Otto Heinrich und Philipp im Jahr 1505 und 1507 zu Cöln und Constanz einraumte.

Es liegt im Baierischen Kreiß und wird in zwey Theile, als den Westlich und Oestlichen abgetheilet. Ersterer lieget zwischen Schwaben und Franken um die Donau herum, und enthält in sich zerschiedene Landrichter- und Pflegämter, dann Städte, Märkte, Klöster, Hofmärkte, und adeliche Sitze; die Landrichter- und Pfleg-ämter aber sind Neuburg, Laugingen, Gundelfingen, Höchstätt, Burgheim, Rannertzhofen, Graißbach, Monnheim, Constein, oder Eunstein, Reicharzhofen. (*) Letzter Theil aber ist zwischen der Ober-Pfalz und Baiern, und wird dermal das wahre Nordgau genennet, obschon Nordgau vor Zeiten sehr viel, nämlich das Frankenland, die Markgrafthümer Anspach und Bayreuth, das Fürst- und Bisthum Eychstätt, dann Oettingen, die obere Pfalz und noch was von Böhmen innen hatte, wovon die Reichsstadt Weissenburg die Haupt-stadt des ganzen Nordgau war. Es wird ansonst auch Weissenburg am Sand benamset. Es enthält auch zerschiedene Aemter, Klöster, Hofmärkte, adeliche Sitze, Städte und Märkte. Die Landrichter- und Pflegämter sind Burglengehfeld, Allersperg, Hoppolstein, Haid-eck, Velburg, Luppurg, Beretzhausen, Laaber, Schmidtmühlen, Callmünz, Schwandorf, Regenstauf und Parsberg, (**) von diesen allen siehe die Special-Beschreibung dieses Herzogthums an gehörigen Oertern. Albertus IV. Herzog in Baiern gab hierzu von seinem Lande etwelche Aemter, und von der Verlassenschaft Herzog Geor-gius des Reichen wurden auch etwelche genommen, wovon auch bey der Stadt Neuburg Erwähnung geschiehet. Den Namen Nordgau legten die alten Bairer oder Bojer diesem Landbezirke bey, denn, als sie beym Anfang des 6ten Sæculi die Römer aus Vindelicien, Norico und Rhetien entweder ausgetrieben, oder mit deren Vergünstigung sich darinn niedergelassen, so behielten sie auch diese Länder, insonders Narisclen, worinn selbe zuvor wohnten und hatten es in ihrer Ge-walt, daher sie es mit einem Namen Nordgau nennten, das ist, ein Land, welches ihnen der Lage nach gegen Norden situiret, gleichwie

sie

(*) Siehe Special-Historia dieses Herzogthums an gehörigen Oertern.
(**) Parsberg ist den Grafen von Schönborn dermal zugehörig, wo-von bey Parsberg unten Erwähnung beschiehet.

sie auch jenes, welches gegen Mittag lag, Sudgau, und was gegen Morgen situiret ware, Austergau nennten.

Daher ist es ein Fehler und Irrthum, wenn einige den Namen Nordgau von dem alten Norico ableiten, ja es bisweilen gar Noricum nennen, daß ihnen also Noricum und Nordgau gleichgeltende Wörter sind. Joh. Heinrich von Falkenstein Antiquit. Nordgav. P. 2. pag. 137. Gulliel. Turkius in Differt. Germ. med. ævi §. 60. Sebast. Münsterus in seiner Cosmographia Lib. 3. pag. D. C C Y C beschreibet Nordgau also. — — Das Baierland, so über der Donau gegen Mitternacht lieget, heißt zu unsern Zeiten das Nordgöw, und ist Nürnberg die Hauptstadt darinn, davon das Land vor Zeiten die en Namen hat empfangen, und wiewohl Nürnberg nicht gar eine alte Stadt ist, so ist doch das Schloß daselbst alt, und hat vor alten Zeiten her Castrum Noricum, das ist, Nordburg geheißen. — — Besagter Münsterus machet in seiner Cosmographia weitschichtigere Erwähnung davon.

Anselm. Desing Ord. S. Bened. P. 1. pag. 113. Aventinus Baierische Chronik Lib. 4. pag. 412 und 481. Joh. Heinr. v. Falkenstein Antiquit. Nordgav. P. 2. pag. 397. item Antiquit. Sudgav. pag. 4. seqq. Flünsterwald pag. 2659. Junker Geogr. med. æv. pag. 263. Köhler Einleitung zur alt und mittleren Geograph. P. 3. C 11. §. 3. Moser Baierisches Staatsrecht pag. 235. seqq. dictus von Falkenstein Baierische Geschichte — tom. 3. pag. 67. D. Bar. de Kreitmayr Baierisches Staatsrecht P. 3. §. 103. a. B. pag. 185. item P. 3 §. 154. a. pag. 325. thun in weiteren Umfang Meldung von Nordgau. Man siehet in diesem Nordgau viele alt zerfallene und auf Bergen am mehresten stehende Schlösser und Thürne; denn dieses Land den Amerthalischen Herzogen abgenommen und unter den Adel ausgetheilet wurde, wie die Fränkische Geschichten geben. Zur Zeit des Faustrechts mag man auch einige davon errichtet haben. Sie wurden aber theils im

Hussitischen Krieg, theils im Baierischen Krieg Anno 1504 und 1505, theils im Schwedenkrieg verstöret, andere können zufälliger Weise abgegangen seyn. Anselmus Desing Ord. S. Bened. P. 3. v. 113. pag. 922. Den westlichen Theil durchströmen die Donau, Brentz, Utichell, Schutter und Altmühl. Er hat sehr guten Grund, viele Wiesen und auch Waldungen, besonders aber von Eichen und Buchen, dann Eschen und Erlen.

Den Oestlichen aber durchflüssen die Naabe, Vils, Regen, Laber, Lauterach. Er hat viele Weyher und Holzwachs von Eichen, Buchen, Erlen, Eschen, Zügen, Fichten und Tannen. Obschon dieser Theil mit vielen Bergen versehen, so ist er doch mit Holz wohl bewachsen, und wachset hierauf jedoch gut und namhaftes Getraid. Es hat auch da und dort viele Ebnen und Flächen, dann schöne Thäler, worinn viele Wiesen sind und wacker Getraid wachset. Die Landesherrschaft besitzet darinn viele Förste und beträchtliche Weyher.

Da und dort giebt es auch was von Erzt, wie dann bey Regendorf und Laibstadt was davon schon vorgefunden worden seyn soll. (*) Ob aber ein mehreres davon nicht könne ausfändig gemacht werden, lasse ich einsweil anheim gestellet seyn.

Die dieß Herzogthum seit Anno 1505 bis auf das laufende Jahr regieret haben, sind folgende: Die Vormundschaft Otto Heinrichs und Philipps Pfalzgrafen und Gebrüdere regiert von Anno 1505 bis ad annum 1522. (**) Da man schrieb 1522, kamen Otto Heinrich und Philipp Brüder miteinander zur Regierung. Otto Hein-

(*) Siehe Hofmarkt Regendorf und Stadt Haldeck.
(**) Friederich II. Churfürst zu Pfalz war Vormunder dieser beeden Prinzen, Pareus Histor. Bavar. Palatin. Lib. 6. a. pag. 249.

Heinrich wurde den 10ten April im Jahr 1502 gebohren. Er war ein Sohn Pfalzgrafen Ruperts und Elisabethà Tochter Herzogs Georgius des Reichen von Ingolstadt aus Bayern, und wurde ansonst Magnanimus der Großmüthige genennet. Reiste in Begleitung vieler von Adel nach Jerusalem und kam Anno 1521 wiederum zurücke. (*) Heyrathete im Jahr 1529 Susannam Herzogin aus Baiern Albertus des vierten, Herzogen in Baiern, Tochter, welche den 2ten April im Jahre 1502 gebohren und an dem Markgrafen von Brandenburg Casimir im Jahre 1519 sich vereheligte, der aber im Jahre 1527 den 21ten September verstarb. Besagter Herzog Otto Heinrich führte Anno 1542 in allhiesiges Herzogthum die lutherische Religion ein und trat nach vier Jahren dem schmalkaldischen Bund bey, verlohr aber dardurch sein Land, bekam es aber durch den Passauischen Vertrag im Jahre 1552 wieder. Nach Friederichs des zweyten Churfürsten zu Pfalz Tod wurde er im Jahre 1556 Churfürst von der Pfalz, starb endlich den 12ten Febr. 1559, und hat zu Heidelberg in der heiligen Geistkirche folgende Innschrift auf seiner Grabstatt:

> Otto Henricus. Palatinus. Comes Rheni. S.
> Rom. Imper. VII. Vir Dux utr. Bavariæ.
> Ludovici. Pii. Robert. Cæf. E. Posterorum vltimus.
> Sic Renatæ Evangelicæ Puritatis Instaurator.
> Primus vivus. sibi. P. natus X. April. MDII.
> Obiit XII. Febr. MDLIX.

(*) Die Namen der Begleiter auf dieser Reise sind einer in der Residenz zu Neuburg befindlicher Tapeten samt dem Wappen länglich eingewirkter zu ersehen.

Er war anſonſt ein großmüthiger Fürſt, legte ſich ſehr auf die Mathematik und ſchöne Wiſſenſchaften, davon er ein großer Kenner und Schützer war. Er vermehrte in vielen die herrliche Bibliothek zu Heidelberg. Er ertheilte auch den Neuburgiſchen Landesſtänden die Landesfreyheit, ſo ſchöne Privilegia in ſich enthält. Parcus Hiſtor. Palat. Bav. 236. 237. 278. item pag. 620 und 621. Joſeph Ant. Aetten‑ khover Geſchichte der Herzoge in Baiern pag. 81 und 82. Anſelmus Deſing Ord. S. Bened P. 3. pag. 333. und 434. Die Pfalzgräfin ſeine Ehegemahlin Suſanna aber verſtarb den 12 Merz 1543. Aetten‑ khover pag. 84.

Philipp Bruder Otto Heinrichs regierte auch von 1522 bis 1554 mit Otto Heinrich. Er wurde der Siegreiche oder Streitbare genennet. Er erblickte das Taglicht im Jahre 1503. Er deſerdirte im Jahre 1529 die Stadt Wienn gegen die Türken tapferſt. Da er Kaiſers Ferdinandus des Erſten Völker anführte, wurde er bey Lauf‑ fen einem Würtembergiſchen Städtl im Jahre 1534 an dem Fuß ſtark verwundet und von Philipp Landgrafen zu Heſſen gar gefangen.

Er liebte auch die ſchönen Wiſſenſchaften und Mathematik, und brachte ſein ganzes Leben in zerſchiedenen Kriegsdienſten zu: kurz er war ein großer Held. (*) Starb ohne Erben im Jahr 1548 und wurde im nemlichen Jahr zu Heidelberg den 6ten Julii begraben, und iſt der Grabſtatt in der heiligen Geiſtkirche folgendes zweyfaches Epitaphium beygeſetzet.

Philipps von Gottes Gnaden Pfalzgraf bey Rhein, Herzog in Nieder‑ und Ober‑Bayern ꝛc. iſt allhier zu Heidelberg den ſechſten Tag Julii Anno 1548 begraben worden.

1548.

(*) Davon ſiehe Stadt Burglengenfeld.

1548.
Nichts unversucht
H. Philipps Pfalzgraf.

Cetera qui circum luſtras Monumenta viator,
  Hæc quoque non longa eſt, Perlege, Pauca, Mora.
Si Ducis audita eſt forſan tibi fama Philippi,
  Clara Palatinæ quem tulit aula domus.
Qui modo Panonicam defendit ab hoſte Viennam,
  Et ſolvit trepidos obſidione viros.
Tum cum Threicii vaſtarent omnia turcæ,
  Et tremerent ſubito Norica regna metu
Mox etiam implevit magnum virtutibus orbem,
  Utilis hinc armis, utilis inde toga.
Illius hac tegitur corpus venerabile terra,
  Hic animam, hic vitam reddidit ille Deo.
Quod te ſi Pietas, ſi quid movet inclita virtus,
  Junctaque cum ſumma nobilitate fides;
Huic opta, ut cineres placida cum Pace quieſcant.
  Condita nec tellus durior oſſa premat.
Nam Pius ad cœli ſublatus ſpiritus arces,
  Cum Chriſto vivit tempus in omne ſuo.

Diſceſſit IIII. Non. Julii
Anno Domini MDXLVIII.
Aetatis ſuæ XLIIII. Cuius P. F. Memoriæ

Dux Otto Hainricus Comes Palatinus frater
Amantiſſimus M. H. F. C.
Anno Domini M. D. L.

Herzog Philipps, Pfalzgraf der fromm theure Fürſt,
 Den ſeine Tag nach Gott, und Ehren dürſt,
Als er erlangt unauslöſchliches Lob,
Sonderlich beym Ungerland thät ein Prob,
Gegen den Feind gemeiner Chriſtenheit
 Bewieſe er Hilf, Rath und Herzhaftigkeit,
In der edlen ſchönen Stadt Wienn dazumal,
 So von Türken war belägert überall,
Hat der ſtolzen Welt Rüſtung und Wehren,
 Damit wir unſer Leben verzehren;
Urlaub geben in dieſer Jammerszeit,
 Und geſegnet alle fromme Chriſtenheit,
Dann weil er die erlöſt vom ewigen Todt
 Durch Jeſum Chriſtum ſeinen lieben Gott,
So lebt er jezt in ſeines Vaters Schooß,
 Im guten Gewiſſen alles Kummers looß.
Darum was gedenkſt du Fürgeher,
 Da liegt Adel, Tugend, Mannheit und Ehr.
Gleichwie der menſchlich Leib hier begraben,
 Aber die Seel bey Gott hoch erhaben:
Kaiſer, König und alle Potentaten
 Kennen dieſes Philippi löbliche Thaten.

Pareus in ſeiner Hiſtoria Palat. Bavar. pag. 239 und 240 führet
derley geminum Epitaphium an. Vom Jahr 1544 bis 1546 regierte
die Landſchaft, Kaiſer Karl der fünfte aber regierte von 1546 bis auf
das

das Jahr 1552, wo Otto Heinrich allein die Regierung des Landes wiederum (wie oben erwähnet wurde) antrat, und noch 7 Jahr lebte. Nach erfolgtem Absterben Otto Heinrichs kam zur Regierung nämlich Anno 1559 Wolfgang Pfalzgraf und auch Herzog zu Zweybrücken. Johann Hübner in seinen kurzen Fragen aus der Politischen Historie meldet P. 5. Lib. 2. pag. 423, daß Otto Heinrich Churfürst von der Pfalz, weil er keine Erben hatte, das Herzogthum Neuburg seinem Vetter Pfalzgrafen Wolfgang von der Zweybrückischen Linie mit dieser Bedingniß, daß er bey der allein seligmachendn lutherischen Religion verbleiben solle, geschenket hätte. Pareus in seiner Histor. Palat. Bav. pag. 238 sagt auch, daß es dem Pfalzgrafen Wolfgang von Otto Heinrich in seinem letzten Willen vermacht wurde, sagt aber von obiger Bedingniß nichts, daher derley wohl nicht zu glauben. Daß dieß Herzogthum dem Pfalzgrafen Wolfgang versetzet worden, ist auch richtig. Siehe davon bey der Stadt Neuburg. Item Pareus pag. 195. Tolnerus Histor. Palat. p. 41. Er wurde den 26ten Sept. 1526 gebohren. Sein Herr Vater war Pfalzgraf Ludwig von Zweybrücken und die Frau Mutter Elisabetha Wilhelm des Aelteren Landgrafen zu Hessen Tochter.

Sein erster Lehrmeister in der Jugend war Caspar Glaser, ein sehr frommer und geschickter Mann. Von Churfürst Friederich dem zweyten wurde er noch bey jungen Jahren als Stadthalter zu Amberg über die obere Pfalz gesetzet. Da er 18 Jahr alt war, wurde er schon zum Herzogthum Zweybrücken berufen.

Er war auch ein sehr gelehrter Fürst, und errichtete sowohl zu Laugingen, als zu Hornbach im Zweybrückischen seine Gymnasia. (*) Im Jahre 1566 diente er wider die Türken, und führte in Ungarn

(*) Siehe Stadt Laugingen.

Ungarn aus eigenen Mitteln dreyhundert Reuter und verblieb dabey bis zum Ausgange des Kriegs. Im Jahre 1569 starb er in einem Alter von 43 Jahren, 8 Monath und 22 Tagen, da er eben für die Hugenotten nacher Frankreich wider Herzog Bourbon mit sieben tausend fünf hundert Reuter und sechs tausend Mann Fußvölfer einen Feldzug machte, und in den Händen des Grafen von Nassau bey Neffun an einem sehr hitzigen Fieber den 11ten Junii verschied. Er wurde sodann durch Engelland, Sachsen und Hessen nacher Meissenheim gebracht, und allda den 23ten Sept. 1571 herrlich begraben, und ist bey der Grabstatt folgendes Epitaphium.

Wolfgangus Pala. Rheni. Ludo. Pala. & D. Elisabethæ Landgra. Hass. F. Ruperti Imp. Ro. atnep. Princeps justitia fortitud. & liberalita. inclytus. Provincias suas opt. Legib. & honestiss. Disciplina an. XXVI rexit. Puram Evangelii doctrinam tempore periculosiss. Confessus & tutatus est. Ecclesias suas Idololatria Papistica, & aliis sectis abolitis recte doceri curavit. scholas Lauing. & Hornbach constituit. Max. II. Imp. Ro. contra Solimannum Turcam cum F. D. Philip. Ludo. suis in Hungaria stipendiis militavit. Validum German. Exercitum in Galliam ultra Ligerim duxit, & Religio. Nomine afflictis opem, & turbato Regno Pacem attulit. qua in Expeditio. apud Lemovices in pago Nessin febri mortalem hanc vitam pie finivit III. Id. Junii an. M. D. L. XIX. Cum vixisset An. XLIII. Mens. VIII. D. XXII. Cujus Corpus Mœstiss. Conjugis D. Annæ & FF. D. D. Philip. Ludo. & Johann. Pietate

ex

ex Gall. terra Marique deportatum, & in hoc D.
Ludo. Proavi fepulch. illatum eſt IX Cal.
Octobr. An. M. D. LXXI.

Dieß Epitaphium ſetzet Pareus diſſ. pag. 196 bey. Er erzeugte mit Anna ſeiner Gemahlin, Tochter des Landgrafen Philipp von Heſſen, welche im Jahre 1591 den 10ten Julii ſtarb, 5 Söhne und 7 Töchter, wie Pareus pag. 197. aber meldet, ſollen es 8 geweſen ſeyn. Die Söhne waren: Philipp Ludwig, der das Herzogthum Neuburg erhielt; Johannes I, welcher Herzog zu Zweybrücken wurde; Otto Heinrich, ſo zu Amberg den 22ten Julii im Jahre 1551 gebohren wurde, (*) und Herzogs Chriſtoph zu Würtemberg Tochter, Maria Dorothea, heyrathete im Jahre 1582, den 12ten Auguſt, aber im Jahre 1604 ohne männliche Erben zu Sulzbach ſtarb, wo er wohnte; Friederich zu Meiſſenheim den 11ten April Anno 1557. gebohren, welcher des Fürſten Heinrich zu Lignitz Tochter Sophia Dorothea heyrathete, und zu Friedrichsburg ſtarb Anno 1598, und zu Laugingen begraben wurde. (**) Die Töchter aber waren: Chriſtina, welche zu Zweybrücken Anno 1546 gebohren und den 28ten Febr. darauf verſtorben; Dorothea Agnes wurde zu Amberg 1551 den 16ten Nov. gebohren, ſtarb aber im künftigen Jahre und ruhet zu Amberg. Anna erblickte auch die Welt zu Amberg den 2ten Junii Anno 1576; Eliſabetha auch zu Amberg gebohren den 14ten Junii Anno 1555; Barbara geb. zu Neuburg den 27 Julii 1559, die Gottfried Graf von Oettingen heyrathete; Maria Eliſabetha auch zu Neuburg den 4ten October 1561 gebohren und heyrathete den Grafen Emichius von Leiningen

(*) Boutherus in ſeiner Deſcript. Geneal. Dom. Bipont. ſagt, daß er im Jahre 1556 gebohren wurde, und Pareus in ſeiner Hiſtor. Palat. B.iv pag. 198. führet ſeine erzeugte Prinzen und Prinzeſſinnen ordentlich an.

(**) Siehe Stadt Laugingen.

ningen den jüngern; Susanna kam an das Taglicht zu Neuburg den 3. October 1564; starb aber Anno 1565 und lieget zu Laugingen begraben. — Dieß alles beschreibet wiederum Pareus cit. pag. 197. seqq. Philipp Ludwig ältester Sohn des Pfalzgrafen Wolfgang im Jahr 1547 den 2ten October zu Zweybrücken gebohren, (*) trat die Landesregierung an, da man schrieb 1569. Heyrathete Annam Johannis Wilhelm Herzogen zu Jülich, Cleve und Berg zweyte Tochter, welche ihm auch nach vielen Streiten Jülich, Berg und Ravenstein zubrachte. (**) Er hatte vier Söhne und drey Töchter, Wolfgang Wilhelm davon erhielt das Herzogthum Neuburg. Otto Heinrich, welcher Anno 1580 gebohren wurde, verstarb in der Wiege. Augustus gelangte zum Herzogthum Sulzbach und wurde im Jahre 1582 gebohren. Johann Friederich aber erblickte das Tagslicht im Jahre 1587 und wurden ihm Hyppoltstein, Haideck und Allersperg samt Gizzin eingeräumet. (***) Anna Maria gebohren zu Neuburg im Jahre 1575, welche Friedrich Wilhelm Herzog und Administrator von Sachsen heyrathete. Dorothea Sabina im Jahre 1576 und Amalia Hedwig im Jahre 1584 gebohren. Besagter Philipp Ludwig war ein sehr weiser Regent und guter Haushalter, daher Churfürst Maximilian aus Baiern nach dessen Richtschnur seine Landes- und Hofsökonomie einrichtete. Spenerus, welchem Bukischius histor. geneal. Palatino Bav. P. 2. Cap. 11. §. 3. pag. 253. nachschrieb,

Syllog.

(*) Pareus in seiner Historie von Pfalzbaiern meinet pag. 204, daß Philipp Ludwig den 11ten October gebohren, und die Landesregierung Anno 1560 angetreten habe.

(**) Bemelter Pareus pag. 205, 206 und 207, denn Hübner kurze Fragen aus der Politischen Historia P. oder Tom. 1. pag. 1011, ingleichen siehe die de annis 1624 und 1666 zwischen den hohen Churbrandenburgisch- und Neuburgischen Häusern dessentwegen eingegangene Vergleiche.

(***) Siehe Stadt Hyppoltstein.

Syllog. genesl. p. m. 235. schreibt davon also: Optimi Patrisfamilias Nomen meritus, ut etiam Maximilianus Elector Bavariæ suam prudentiam œconomicam, qua celebris erat, illius Exemplo tribuere auditus. It. Joannes Valentinus Andreæ Epistol. an. XLV. scriptar. LXXVI. p. 87 sagt auch des Inhalts: Vidi mea ætate rarissimum hujus virtutis, quam jubet vocare compensativæ exemplum, Philippum Ludovicum, Palatinum Neoburgicum, Principem incomparabilem cet. cet. In der Protestantischen Religion war er eifrig, und acceptirte nicht allein im Jahre 1580 (wie dict. Hübner P. 7. Lib. 2. pag. 424 meldet) die Formulam Concordiæ, sondern ließ zwey bekannte Colloquia, nämlich eines zu Neuburg im Jahre 1593 zwischen D. Heilbronner, und D. D. Beuther und Hexamer, und eines zu Regensburg im Jahre 1601 zwischen den D. D. Catholicis, nämlich Gretser, Tanner und andern, und zwischen den D. D. Protestant. Heilbronner, Hunnius und andern halten. (*)

Er zankte sich wacker mit Johann Pfalzgrafen von Zweybrücken wegen der Vormundschaft des minderjährigen Pfälzischen Churprinzens Friederich des fünften. Pareus cit. pag. 503. und 504. Hübner kurze Fragen aus der Politischen Historie Tom. 5. Lib. 2. pag. 424. Er starb den 12ten August im Jahre 1614. Lebte 66 Jahre, 10 Monathe und 10 Tage, und wurde in der Schloßkirche zu Laugingen begraben. (**) Pareus dict. pag. 204. Nach Ihm folgte in der Landesregierung Wolfgang Wilhelm ältester Sohn Philipp Ludwigs,

nämlich

(*) Zu Neuburg wurde de Catechesi Bipontina Anno 1587 edita, & in scholas ecclesiasque inducta, num scilicet in omnibus & singulis verbo Dei, receptisque symbolis sit conformis? disputiret. Zu Regensburg aber de Norma Controversiarum Religionis, an illa possit esse scriptura sacra? Obige Catechesin ließ Johannes I. Herzog zu Zweybrücken und Bruder von obigem Philipp verfertigen.

(**) Siehe Stadt Laugingen.

nämlich im Jahre 1614. Er wurde gebohren den 26ten October Anno 1578. Er verehlichte sich dreymal. 1) Mit Magdalena Herzogs Wilhelm aus Baiern Tochter den 10 Nov. im Jahre 1613, welche ihm den Prinzen Philipp Wilhelm gebahr und Anno 1628 verschied. (*) 2) Mit Catharina Magdalena Herzogs Johann von Zweybrücken Tochter im Jahre 1631, wovon er Ferdinandum Philippum, im Jahre 1633 gebohren, im nämlichen Jahre wieder verstorben, und Eleonora im April Anno 1634, so auch bald starb, erhielt. 3) Nach im Jahre 1651 erfolgtem Todesfall dieser seiner Gemahlin mit Francisca Grafens Egon von Fürstenberg Tochter, welche Leopold Markgrafen von Baaden im Jahr 1666 hernach zur Ehe nahme. Sie verschied ohne Erben Anno 1702 und liegt zu Neuburg in der Exjesuiten-Kirche begraben. (**) Seine erste Gemahlin und der berühmte Jesuit Jacobus Reihing, welcher aber im Jahre 1621 die katholische Religion verließ, und nachgehends Professor publicus zu Tübingen wurde, bewogen diesen Fürsten durch ihr eifriges Zureden, daß er den 15ten May im Jahre 1614 katholisch wurde, und zu Düsseldorf das öffentliche Glaubensbekenntniß ablegte. Er war ein sehr frommer Regent, führte sogleich die katholische Religion sowohl im Neuburgisch- als Sulzbachischen wiederum ein, obschon man sich am letzten Orte entgegen setzen wollte. Durch sein brennendes Beyspiel aufgemuntert folgten sogleich viele von den Ständen und Unterthanen nach. Im Jahre 1615 verglich er sich mit seinen Brüdern,

(*) Sie wurde zu München den 4ten Julii Morgens zwischen 4 und 5 Uhr am St. Ulrichstage im Jahre 1587 gebohren, und an diesem Tage um 2 Uhr Nachmittag in der Kapelle der neuen Veste durch Hrn. D. Lauterium Probsten ad Ædem B. V. M. getaufet, und durch Herzog Albrechts nachgelassene Frau Wittwe Anna und Herzog Philippen Bischofen zu Regensburg zur heiligen Taufe gehalten. Also meldet Aettenkhover dict. pag. 106.

(**) Siehe Stadt Neuburg.

dern, und gab jedem eine gewiße Länder Portion, nämlich dem Pfalzgrafen August Sulzbach samt zugehörigen Stücken, und Pfalzgrafen Johann Friederich Hppoltstein samt Haibeck, Allersperg und Sizzin, reservirte sich aber hierüber die Landeshoheit, und daraus entspringende Gerechtsame. Im dreyßigjährigen Krieg war er damit übel zufrieden, daß Baiern nicht allein die obere Pfalz, sondern auch die Chur-Würde davon trug, weil die Neuburgische Linie nach der exauctorirten Linie die nächste war und auf solche Art ein unschuldiger Theil gestraft wurde. Er protestirte dahero dargegen sowohl zu Regensburg im Jahre 1623, als auch zu Münster im Jahre 1647 feyerlichst, und reservirte seinem Haus alle Gerechtsame, aber umsonst. — — Pareus Histor. Palat. Bavar. pag. 505. seqq. Hübner kurze Fragen aus der Politischen Historie tom. 5. Lib. 2. pag. 427. Er restituirte alle im Lande eingezogene Klöster und geistliche Güter. Wo vielleicht nicht alles davon zuruck gegeben wurde, so wurde es doch am mehresten Theil exequiret, und was er annoch behalten haben mag, darüber erhielt er Päbstliche Dispensation. Dieser frömmste Fürst verschied endlich im Jahre 1653 (*) und liegt zu Neuburg in dem Exjesuiten-Collegio begraben. (**) Philipp Wilhelm succedirte seinem Herrn Vater in der Landes-Regierung. Er wurde den 22 Nov. im Jahre 1615 gebohren, (***) und heyrathete 1) Anna Catharina Constantia Königs Sigismundi III. in Pohlen Tochter im Jahre 1642, von welcher er einen Schatz von zwey Millionen erhalten solle haben. Sie starb den 9ten October im Jahre 1651, hinterließ aber keinen

(*) Dictus Hübner tom. 5. Lib. 2. pag. 428 irret sich, da er den Todesfall ad annum 1659 setzet.

(**) Siehe Stadt Neuburg.

(***) Bey seiner in der dermaligen Exjesuiten-Kirche zu Neuburg, die die Hofkirche zugleich ist, befindlichen Grabstätte lieset man in der Inschrift dabey, daß er den 25 Nov. gebohren worden.

nen Erben. 2) Elisabetha Amalia Georgs des zweyten Landgrafen zu Hessen Tochter aber im Jahre 1653, in welchem sie sich auch zur katholischen Religion begab. Sie starb aber zu Neuburg im 75ten Jahre ihres Alters Anno 1709. Gott segnete sie mit 17 Leibeserben. Von obgedachten 17 Kindern sind drey in zarter Kindheit verstorben, nämlich Maria Adelheid Anno 1656, Sophia Elisabetha Anno 1658 und Johannes Anno 1675. Von den übrigen 14 Kindern verstarben vier Prinzen und zwey Prinzeßinnen erwachsener. Nämlich Wolfgang Georg Domherr zu Kölln, Strasburg, Lüttich ꝛc. welcher Anno 1683 gestorben; Ludovicus Antonius Teutschmeister, Coadjutor zu Maynz ꝛc. starb im Jahre 1694; Friederich Wilhelm kam Anno 1689 in der Belagerung der Stadt Maynz um das Leben; Philipp Wilhelm starb Anno 1693; (*) Maria Sophia Elisabetha ward Anno 1687 an König in Portugall Peter vermählet, starb im Jahre 1699; Leopoldina Eleonora starb unvermählt zu Düsseldorf Anno 1693; Johann Wilhelm, wovon nachgehends Meldung geschiehet; Karl Philipp, davon wird unten auch erwähnet; Alexander Sigismund gebohren 1663, Bischof zu Augsburg im Jahre 1690; Franz Ludwig gebohren 1664, wurde Anno 1683 Bischof zu Breslau, dann Anno 1694 Teutschmeister, Anno 1694 Bischof zu Worms, Probst zu Elwangen Anno 1694, und endlich Anno 1710 Coadjutor zu Maynz. Er wurde auch im Jahre 1716 Churfürst zu Trier und endlich im Jahre 1729 Churfürst zu Maynz. Starb im Jahre 1732; Eleonora Magdalena Theresia gebohren 1655, wurde Kaiser Leopolds Gemahlin Anno 1676, starb im Jahre 1720.

Anna

(*) Er hinterließ eine Wittwe Anna Francisca von Sachsen-Lauenburg, sie verheyrathete sich zum andernmale mit dem Florenzischen Prinzen Johann Gasto, hatte aber vom ersten Gemahle zwey Prinzeßinnen, nämlich Leopoldina Ernestina, gebohren Anno 1691 und Maria Anna, gebohren Anno 1693.

Anna Maria gebohren 1667, wurde an Carolum II. König in Spanien vermählet. Dorothea Sophia gebohren Anno 1670, verheyrathete sich im Jahre 1690 an Odoardus Farnesius Herzog zu Parma und Piacenza, und nach dessen erfolgten Tod Anno 1695 an seinen Bruder Franciscus. Hedwig Elisabetha gebohren Anno 1671, ist Anno 1691 an den Pohlnischen Prinzen Jacob Sobieski vermählet worden.

Da Churfürst von der Pfalz Carolus und mit ihm die Simerische Linie abstarb, wurde er im Jahre 1685 Churfürst. Er mußte mit Brandenburg wegen Jülich und Bergen, dann Ravenstein sich ziemlich herum zanken, so verblieb es doch endlich bey dem Vertrag de anno 1666. Die an Churpfalz wegen der Charlotta Elisabetha Schwester des erst besagten Caroli Churfürsten von der Pfalz, welche an Herzog Philipp von Orleans, Bruder des damaligen Königs in Frankreich Anno 1671 vermählet war, ab Seite der Krone Frankreich gestellte Forderung, besonders an Simern, Lautern, Spannheim machte diesem guten Fürsten viel zu schaffen, und die untere Pfalz wurde darbey ziemlich hergenommen, wie Pareus in seiner Historia Palatina pag. 507 und pag. 569 seqq. sowohl ersteres als letzteres weitschichtig beschreibet. Hübner in seinen kurzen Fragen aus der Politischen Historie tom. 5. Lib. 2. pag. 428. seqq. meldet auch davon. Er bewarb sich sowohl im Jahre 1669 als im Jahre 1673 um die Pohlnische Krone. Zu Erwählung des Römischen Königs Josephi I. Sohn Kaiser Leopolds half er im Jahre 1690 zu Augsburg getreulich, und übte dabey selbst das Erzschatzmeister-Amt aus. Er starb den 2ten Febr. Anno 1650 zu Wien. Johann Wilhelm kam im Jahre 1690 zur Landesregierung, da er auch Churfürst war, und wurde den 19ten April 1658 gebohren.

Er vermählte sich 1) im Jahre 1678 mit Maria Anna Josepha Kaisers Ferdinandi des dritten Tochter, welche ohne Erben starb. 2) Mit Anna Maria Elisabetha Herzogs Cosmi III. zu Florenz Tochter im Jahre 1691 und sie hatte auch keine Kinder gebohren. Der Ryswickische Friede im Jahre 1697 gab ihm die untere Pfalz ziemlich, ja gänzlich ruinirt wiederum zurücke. Die Protestanten klagten heftig wider ihn, welches der vierte Artikel des Ryswickischen Friedens verursachte, und gaben vor, daß sie in ihrer Religionsübung gehindert würden, so hernach doch beygelegt wurde, wovon dict. Pareus pag. 580, 581 seqq. dann Hübner citat. tom. 5. Lib. 2. pag. 433 weitläufige Erwähnung thun. Colini Precis de L'Histoire de Palatinat. du Rhin. pag. 147 schreibet auch davon. Im Spanischen Successionskriege stand er den hohen Alliirten beständig bey, und unterhielt des Endes 10 bis 12 tausend Mann. Da Churfürst Maximilian aus Baiern Anno 1706 in die Reichsacht erkläret wurde und auch Baiern verließ, so wurde Johann Wilhelm das Erztruchsessen-Amt samt der zweyten weltlichen Churfürstenstelle und der oberen Pfalz sammt der Grafschaft Chamb Anno 1708 eingeräumet.

Zu dessen ewigen Angedenken erneuerte er den Orden St. Hubert im Jahre 1709, welchen Herzog Gerhard zu Jülich im Jahre 1464 schon errichtete. (*) Nach dem Tode Kaiser Josephs I. lebte er

(*) Bey Fürstl. Personen ist keine Zahl der Ritter determiniret, Ritter von Gräfl. und Freyherrl. Stande sollen allemal 12 seyn. Zum Anfang sollen 4 Fürsten, nämlich der Herzog zu Sachsen-Meinungen, der Landgraf zu Hessen-Darmstadt und die beyde Pfalzgrafen zu Sulzbach am ersten damit beschenket worden seyn. Dieß alles, dann die Pflichten der Ritter, die Erwählung hierin, dann das jährliche Einkommen der Ritter ꝛc. ꝛc. beschreibt auch Hübner

er im Jahre 1711 das Reichs-Vicariat aus und wohnte der eodem anno zu Frankfurt angestellten Kaiser Karls des sechsten Wahl und Krönung bey. In dem zu Rastadt und Baden Anno 1714 geschlossenen Frieden verlohr er alles wiederum und Maximilian aus Baiern erhielt seine vorige Länder samt dem Truchseßenamt und Churstelle; man versprach ihm zwar zur Satisfaction das Herzogthum Limburg, welches aber Holland nicht gestatten wollte, und er erhielt nichts. Endlich starb er im Jahre 1716. Diesem Johann Wilhelm folgte in der Landesregierung sein Bruder Karl Philipp im nämlichen Jahre. Er wurde den 14ten Nov. 1661 gebohren. Er heyrathete 1) im Jahre 1686 Ludovica Charlotta Bogislaus Fürsten Radzivills in Pohlen Tochter, Ludwig Markgrafens von Brandenburg Wittwe, wovon er Leopoldam Eleonoram Josepham Anno 1689, welche bald verstarb und Mariam Annam gebohren 1690, dann Sophiam Augustam gebohren Anno 1693, dann einen Sohn, gebohren im Jahre 1695, bald aber hernach verstorben, erhielt. Sie selbst aber starb Anno 1695. 2) Vermählte er sich im Jahre 1701 mit Theresia Catharina Josepha Karl Fürsten Lubomirsky in Pohlen Tochter. Sie gebahr ihm im Jahre 1703 Theophila Elisabetha Francisca, welche im Jahre 1705 verschied, dann Anna Elisabetha Felicitas zu Inspruck Anno 1709, welche Joseph Karl Pfalzgraf von Sulzbach im Jahre 1717 heyrathete, der Anno 1728 starb. Diese Gemahlin starb aber im Jahre 1712. 3) Nahm er zur Ehe auf linker Hand Theresia Violanta gefürstete Gräfin von Taxis welche im Jahre 1739 starb. Ehe er den Ehestand antrat, war er, Domherr zu Salzburg und Köln, dann teutscher Herr. Er wurde, nachdem er gegen die Türken in Ungarn tapferst gedienet, Kaiserlicher Stadthalter zu Inspruck in Tyrol. Im Jahre 1711 wurde er

von

Hübner in seinen Supplementis zu den historisch-genealogisch- und geographischen Fragen Part. V. pag. 201 seqq.

von den Churfürsten des Reichs gebetten, Kaiser Karl dem sechsten seine Erwählung als Kaiser zu Mayland kund zu machen. Im Jahre 1719 machten ihm die Reformirten zu Heydelberg vielen Verdruß, so wegen des Catechismus (*) und der heiligen Geistkirche daselbst hergieng. Daher er Heydelberg verließ und seine Residenz nacher Mannheim Anno 1720 verlegte, welche Stadt samt der Residenz er in vielen verschönerte, fortificirte und erweiterte.

Dieß alles beschreibet im weiten Umfange Colini in seinem Precis de l'Histoire Palatine Chap. 7. pag. 151. & seqq. führet er noch verschiedene seit seiner hohen Regierung vorgefallene Umstände und Facta an. Pareus Histor. Palat. Bav. pag. 595 und 596 meldet auch ein wenig davon. Item Hübner in seinen Supplementis zu seinen historisch- geographisch- und genealogischen Fragen zum 5ten Theil, Cap. 3. pag. 223 und 224. Er war anfonst ein frommer und gelehrter Herr, unterhielt eine glänzende Hofhaltung und that den Fremden viel Ehre an. Er verschied endlich im 81jährigen Alter im Jahre 1742 und wurde in der Churfürstl. Gruft zu Mannheim beygesetzet.

Im Jahre 1743 den 1ten Jenner trat Karl Theodor Churfürst in die nunmehrig glorwürdigste Landesregierung, und wird als wahr sorgender Vater des Vaterlandes von seinen gesammten Unterthanen angebetet. Das 1724te Jahr war das so glücklich als gewünschte Jahr, worinn dieser theuerste Landesregent den 10ten December

ge-

(*) Hauptsächlich um der achtzigsten Frage willen, da es von der Päbstlichen Messe heißet: Sie sey im Grunde nichts anders, als eine Verläugnung des einigen Opfers Jesu Christi, und eine vermaledeyte Abgötterey. Wovon bey Johann Hübner in seinen Supplement. zu historisch- genealogisch- und geographischen Fragen tom. 3. zum fünften Theile Cap. 2. pag. 154. das mehrere zu lesen ist.

Großältern jezt glorwürdigst Karl Theodor.

zu Neuburg, gebohren Anno 1582, wurde
ählt Anno 1620 an Hedwig Johann Adolfs

o 1632, vermählt Anno 1649 den 3 April
Wrangel, welche den 24 August Anno 1669

vermählt den 9 Junii Anno 1692 an Amalia

Anno 1729, vermählt den 15 Febr. Anno
gne und Marquis zu Bergobzoom Tochter,
:n 28 Julii Anno 1728 gestorben ist. 2)
heinfels, welche den 23 May Anno 1759

als Pfalzgraf und Herzog zu Sulzbach den
:at die Regierung der übrigen Länder den
ia Elisabetha Augusta Pfalzgrafen Joseph
Sie gebahr den 28 Junii im Jahre 1761
aiser Joseph dem II. den Orden des goldenen
schsessen-Amt, dann die obere Pfalz und

gebohren wurde. (*) Sein Vater war Johann Christian Pfaltzgraf von Sulzbach, zweyter Prinz des Pfalzgrafen und Herzogs Theodor von Sulzbach, und die Mutter war Anna Maria, Tochter und einzige Erbin Franz Egons, Markgrafen zu Bergenobzoom im Holländischen Brabant, aus dem französischen Haus de la Tour d'Auvergne, wovon der ordentliche Stammbaum das mehrere meldet. (**) Bis er zwölf Jahr alt wurde, erzog ihn seine Frau Tante Maria Henrica Fürstin von Aremberg. Im Jahre 1734 wurde er von seinem Vetter Churfürst Carl Philipp an Höchstdesselben Hof nach Mannheim berufen. Im Jahre 1733 den 20 Julii aber wurde ihm das Herzogthum Sulzbach gegeben.

Er vermählte sich im Jahre 1742 mit Maria Elisabetha Augusta, Pfalzgrafen Josephs von Sulzbach ältester Prinzeßin, und die beederseitige Antrauung geschah zu Mannheim den 17ten Jenner. Sie war im Jahre 1721 den 17 Jenner gebohren. (***) Kaum kam Karl Theodor, dieser erhabene Churfürst zur Regierung, so wurden die geschicktesten Einrichtungen sowohl im Civil- als Cameral-Wesen in seinen Ländern sogleich gemachet. Es wurden darinnen, besonders

(*) Der Verfasser der so betitelten zuverläßigen Nachrichten von dem über die Baierische Erbfolge in Deutschland entstandenen Krieg meldet zwar in seinem ersten Stücke pag. 23, daß dieser erhabene Churfürst zu Drogenposch einem anderthalb Stunden von Brüssel entlegenen Herzogl. Arembergischen Lustschloß gebohren worden; allein der Herr Verfasser wird sich wohl irren, denn es ist jedem Pfälzer bekannt, daß er zu Sulzbach gebohren seye. Diese Nachricht kam im Jahre 1780 zu Leipzig an das gelahrte Tagesblicht.

(**) Sie verschied im Jahre 1728 den 28 Julii.

(***) Diese erhabenste und weiseste Churfürstin ist wegen ihrer schönen Eigenschaften sattsam berühmt und bekannt. Sie stiftete im Jahre 1768 den St. Elisabeth-Orden, worinn nur Fürstinnen und Damen von hoher Geburt aufgenommen werden.

im Neuburgischen die besten Chauseen angeleget. Die dermalige Exjesuiten-Kirche zu Mannheim, woran Karl Philipp Churfürst was nahmhaftes schon verwendete, ließ er gänzlich zu Stande richten, daß es derley wenig in Teutschland giebt. Er verherrlichte und verschönerte seine Residenz zu Mannheim, worinnen ein großer Saal mit einer Menge der schönsten und seltnesten Büchern angefüllt sich befindet, welche Karl Theodor, ein wahrer Kenner der Wissenschaften, beyschafte. Von ihm wurde darinnen ein vornehmes Medaillen-Kabinet formiret, worinnen auch verschiedene physikalische Stücke von allen Erzen, und versteinerten Sachen in großer Menge und Seltenheit anzutreffen sind. (*) Im Jahre 1764 errichtete er eine Akademie der Wissenschaften, worinnen die gelehrteste und geschickteste Männer als Mitglieder sind, und welche schon auserlesene Werke von verschiedenen Gattungen dem Publikum mitgetheilet. Einige Jahre darnach wurde eine physikalisch-ökonomische Gesellschaft, dann eine teutsche Gesellschaft und eine Zeichnungs-Akademie mit Consens dieses weisesten Churfürsten errichtet.

Zur Belohnung der dem Churpfälzischen hohen Haus treu geleisteten Dienste errichtete er einen neuen Orden vom Pfälzischen Löwen im Jahre 1768, in welchem nun die viele Jahre getreu dienende, oder sich ansonst um dieses hohe Haus verdient gemachte Glieder aufgenommen werden. Er erneuerte das Lustschloß Schwetzingen, daher allda viele Häuser erbauet wurden, und legte dabey einen großen und ausnehmend schönen Garten an mit vielen Wasserwerken und andern Raritäten; daher er sehr prächtig aussieht und von jedermann bewundert werden muß. Bey ihm kam das Commercium im höchsten Flor und Aufnahm, des Endes wurden schöne Fabriquen

so-

(*) Die Medaillen-Stücke ließ er im Jahre 1758 sehr fein stechen und in Kupfer setzen.

sowohl in Mannheim, als zu Heidelberg und Frankenthal angeleget. Von Mannheim bis Frankenthal ward auf seinen Befehl noch nicht lang ein Kanal gegraben. (*) Zu Heydelberg erbaute man ein grosses und schönes Thor. Wie hoch dieser Churfürst die Wissenschaften, besonders auch die Mathesin schätze, läßt sich wohl aus dem schlißen, weil er darzu einen schönen Thurn in Mannheim erbauen ließ, und ein schönes Armarium Mathemat. beyschafte, auch einen Exjesuiten Christian Mayer, welcher in ganz Teutschland, Frankreich und Rußland für einen sehr geschickten Mathematikus gehalten wird, noch beständig unterhält. Kurz: Karl Theodor ist in allen Wissenschaften bestens gegründet, er schätzet und überhäufet gelehrte Männer mit Gnaden. Im Jahre 1761 den 28 Junii wurde er mit einer längst gewünschten Nachfolge von Gott gesegnet, und Maria Elisabetha Augusta seine Gemahlin gebahr nach 19jähriger Ehe einen Prinzen Franz Ludwig Joseph, aber er starb bald darauf, und versetzte alle Pfälzische Länder in die tiefeste Trauer und Bestürzung. Von dem Kaiser Franciscus I. erhielt er das Privilegium de non appellando vor das Herzogthum Neuburg und Sulzbach. Da Churfürst Maximilian in Baiern zu Ende Decembris ohne Erben starb, erhielt er die bey dem Churpfälzischen hohen Haus seit Anno 1623 nicht mehr gewesste zweyte weltliche Churst. le und das Erztruchseßen-Amt, dann die obere Pfalz und Baiern, (**) den 1ten Jenner 1778, wo er auch von Kaiser

D 2 Joseph

(*) Nunmehr soll er gänzlich fertig und zu Stande gekommen, und die große Schleuße dabey ein Wunder der Wasserbaukunst seyn. Man kann auf diesen schönen Kanal vom Rhein und Neckar bis zu der Stadt Frankenthal mit großen Schiffen und Seegeln fahren.

(**) Der zwischen der verwittibten Kaiserin und Königin zu Ungarn und Böhmen, und zwischen dem König in Preussen leztin geschloßene Friede lebt bey Jedermann noch in allzufrischer Gedächt-

Joseph dem II. den Orden des goldenen Vließes erlangte. Alle diese von Karl Theodor ruhmwürdigst vorgenommene Thaten sind von weit größerem Umfange; und es gehört eine weit geschicktere Feder dazu solche zu schildern. Genug, Karl Theodor ist der weiseste Regent und beste Vater seines Volkes. Vivat! floreat.

In diesem Herzogthum ist ein dreyfacher Stand, nämlich der Prälaten-, Ritter- und Burger-Stand. Es hat besondere Landesfreyheit, die Pfalzgraf und Herzog zu Neuburg Otto Heinrich im Jahre 1554 den 8 Jenner nebst schönen Privilegien demselben ertheilte, wovon das Diploma in Struvens Pfälzischer Kirchen-Historie Cap. 3. §. 7. p. 38. seqq. stehet, und ein anderes beym Lünig I. C. pag. 1127. seqq. — Pfalzgraf und Herzog Wolfgang gab den so betitelten Grünauischen Abschied den 29ten September Anno 1561. — Pfalzgraf und Herzog Philipp Ludwig erläuterte und vermehrte diese Landesfreyheit den 22ten December 1607. (*) Diese Freyheiten und Privilegien wurden von Herzogen Otto Heinrich Wolfgang im Jahre 1559, Philipp Ludwig im Jahre 1573, Wolfgang Wilhelm Anno 1615 ꝛc. ꝛc., ja auch von jetz Churmildest regierenden Landesherrn im Jahre 1778 bestättiget. Es ist auch eine besondere Holz- und Forst-Ordnung von Churfürst Johann Wilhelm von Anno 1690 vorhanden. Die alldasige Landstände halten zum öftern Landtage, und engere Ausschuße, wovon der von Anno 1698, dann 1737, und der von 1773, 74 ꝛc. besonders wohl bekannt sind. Sie haben ihre Landmarschälle, zween Landschafts-Commissarien, Landobristen, Kanzler

dächtniß, als daß solcher im weiteren Umfange hier beygesetzet solle werden, und ist daher die vorgekommene Vertheilung von Baiern zur Genüge bekannt.

(*) Diese erklärte Landesfreyheit beziehet sich auf die in annis 1598, 1603 und 1607 gehaltene Landtage und verhandelte Abschiede.

Kanzler und Räthe rc. welche ein besonders Kollegium dermalen mit zween Landschafts-Commiſſarien, Kanzlern und etwelchen Räthen zu Neuburg ausmachen. (*) Es wird nicht unangenehm seyn, weil es doch zur Landes-Historie dienſam iſt, daß man nachfolgende Landmarſchälle, Landschafts-Commiſſarien und Kanzler anführe.

Im Jahre 1552 wurde Hans Kraft von Veſtenberg zu Fronberg Kammer-Rath, dann zugleich Anno 1559 zum gemeinen Landſchafts-Commiſſarium auf dem Nordgau erwählet, welche beede Stellen er miteinander verſah. Im Jahre 1565 Heinrich Joachim von Olſing Kammer-Rath, welcher zugleich Anno 1559 zum Landschafts-Commiſſarium erwählet wurde. Anno 1566 hat Hans Rumbold von Ulrichshauſen zu Bertzlheim das Landmarſchall-Amt verwaltet. Anno 1567 Hans von Leiblfing zu Hauzenſtein, auch Anno 1664 Landſchafts-Commiſſarius. Anno 1579 Jobſt Wilhelm von Tanndorf zu Forchtenberg, Karlſtein, Stadl und Trackenſtein. Anno 1592 Hans Joachim von Bertolzhoven zu Traidendorf. Anno 1594 Otto Heinrich von Wensding zu Oſtingen und Fünfſtetten, er war nur Landmarſchall-Amtsverwalter. Anno 1598 Wolf Lorenz Wallrab von Hauzendorf zu Tägmersheim. Anno 1616 Tobias Herſtenzky von Herſtein, und Willhartig zu Emlofen. Anno 1631 Gosrein Freyherr Spierink zu Fronberg, auch Stadthalter, Anno 1622 auch Landſchafts-Commiſſarius. Anno 1652 Wolfgang Adrian Freyherr von Spierink zu Fronberg, geheimer Rath, Kammerer und Landrichter zu Burglengenfeld. Anno 1720 Joſeph Clemens Freyherr von Welchs, geheimer Rath und Landſchafts-Kanzler, Anno 1714 aber Landmarſchall-Amts-Adjunctus. Anno 1730 Ferdinand

(*) Moſer führet auch ein ſo anderes davon in seiner Einleitung in das Churpfälziſche Staatsrecht Cap. 11. §. 66. pag. 561. ſeqq. an; allein in etwelchen Stücken ſcheint es doch aus Mangel der Information ſich geirrt zu haben.

binand Freyherr von Rumel, Kammerer, Hofrath und Landrichter zu Burglengenfeld auf Herrnried. (*) Anno 1775 Clemens August Freyherr von Karg auf Bebenburg, Pfalz-Neuburgischer Regierungs Rath zu Hochdorf. (**)

Die Landschafts-Commissarien aber folgten in nachgehender Ordnung. Im Jahre 1559 wurde Heinrich Joachim von Olting zu Tagmersheim, 2) Simprecht Lenk zu Gansheim in Oberland, 3) Hans Kraft von Vestenberg zu Fronberg, und 4) Sebastian Erlöbeck zu Rosenberg auf dem Nordgau durch gemeine Landstände erwählet, da eben Michael Herpfer zum ersten Pfenningsmeister verordnet und bestimmet wurde. Anno 1560 1) Hans Kraft zu Vestenberg. 2) Simbrecht Lenk. 3) Heinrich Joachim von Olting, und 4) Leonhard von Kemath zu Rosenberg. NB. Diese waren vormals Kammer-Räthe. Anno 1564 1) Heinrich Joachim von Olting. 2) Leonhard von Kemath. 3) Hans von Leiblfingen zu Haujenstein und Teiblitz, dann 4) Sebastian von Kreith zu Straß. Anno 1573 1) Adam von Kreith zu Straß und Welda. Anno 1579 1) Adam von Kreith, und 2) Caspar Grübel zu Stockau. Anno 1583 1) Caspar Grübel, und 2) Thomas von Strahlenfels zu Gansheim. Anno 1603 1) Caspar Grübel. 2) Wolfg. Heinrich von Lemble zu Rennertzhofen. Anno 1608 1) Wolfg. Heinrich Lemble, und 2) Christoph Grübel zu Stockau. Anno 1609 1) Wolfg. Heinrich Lemble. 2) Hieronymus Kolb zu Heilsberg und Wiesen. Anno 1614 1) Ludwig Andreas Lemble zu Rennertzhofen, und 2)

Chri-

(*) Er wurde nachgehends auch Chur-Pfälzischer und Neuburgischer geheimer Rath, Hofkammer-Präsident zu Neuburg, Pfleger zu Hemau und Ritter des Chur-Pfälzischen Löwen-Ordens.

(**) Die Folge davon ist aus dem von Johann Baptist Geisburger Neuburgischen Landschafts-Registrator Anno 1775 hierüber verfertigten Schema oder Tabell genommen worden.

Chriſtoph Grübel ꝛc. Anno 1616 1) Adam Freyherr von Herbers-
dorf auf Kallsdorf ꝛc. und 2) Chriſtoph Grübel ꝛc. Anno 1620
1) Goswein Freyherr von Spirink zu Roßwick ꝛc. und 2) Chriſtoph
Grübel. Anno 1638 1) Goswein Freyherr von Spirink, und 2)
Albert Clodomir Fabricani, Freyherr von Bechetti, Herr zu Navarra, Roſelle und Schweinspaint. Anno 1652 1) Wolfg. Wilhelm von Bertolzhofen zu Traidendorf, und 2) Wolfgang Jakob
Ungelder von Deiſſenhaußen. Anno 1655 1) Wolfgang Jakob Ungelder, und 2) Johann Dominikus Freyherr von Servi auf Stepperg. Anno 1679 1) Paul Fugger Graf von Kirchberg und Weiſſen-
horn, Herr auf Mickhauſen, Stuttenſtein ꝛc. ꝛc. und 2) Jakob
Graf von Hamilton. Anno 1685 1) Franz Ernest Graf von Fugger
zu Kirchberg ꝛc. und 2) Graf von Hamilton. Anno 1691 1) Jakob
Graf von Hamilton, und 2) Philipp Adam Chriſtian Freyherr von
Voigt ꝛc. ꝛc. Anno 1697 1) Philipp Adam Chriſtian Freyherr von
Voigt ꝛc. und 2) Wolfgang Wilhelm Freyherr von Servi, auf
Stepperg. Anno 1700 1) Wolfgang Wilhelm Freyherr von Servi ꝛc.
und 2) Adam Freyherr von Dietmanſtein ꝛc. Anno 1707 1) Adam Freyherr von Dietmanſtein ꝛc. und 2) Chriſtoph Adam Freyherr von Freyberg ꝛc. Anno 1709 1) Adam Freyherr von Dietmanſtein ꝛc. 2)
Chriſtoph Adam Freyherr von Freyberg, und 3) Joſeph Freyherr
von Müller, zu Schweiningen und Hunda, Landſchafts-Vice-Com-
miſſarius. Anno 1713 1) Chriſtoph Adam Freyherr von Freyberg,
und 2) Ludwig Antonius Freyherr von Saile zu Schweinspaint,
dann 3) Joſeph Freyherr von Müller ꝛc. Anno 1716 1) Chriſtoph
Adam Freyherr von Freyberg, 2) Philipp Anton Freyherr von
Oberndorf, auf Regendorf und Wolfseck, (*) und 3) Joſeph Freyherr von Müller. Anno 1736 1) Philipp Anton Freyherr von Oberndorf ꝛc. 2) Joſeph Freyherr von Müller ꝛc. Anno 1746 1) Philipp
Anton

(*) Von dieſem adelichen Geſchlecht ſiehe das mehrere bey der Hofmark Regendorf.

Anton Freyherr von Oberndorf ꝛc. und 2) Joseph Heinrich Freyherr von Franken zu Pirkenſee ꝛc. Anno 1750 1) Philipp Anton Freyherr von Oberndorf. Anno 1770 Joſeph Adam Fortunat Freyherr von Oberndorf, auf Regendorf, Loch und Wolfſeck, Churpfälziſch-Baieriſcher Kammerer, geheimer Rath und Ritter des Churpfälziſchen Löwen-Ordens. Anno 1774 1) Joſeph Adam Freyherr von Oberndorf ꝛc. und 2) Franz Chriſtoph Freyherr von Reiſach, zu Kirchdorf, auf Steinberg, Churpfälziſch-Baieriſcher Kammerherr, Neuburgiſcher geheimer Rath und Ritter des Baieriſchen St. Georgius-Ordens. (*) Dieß Landſchaftliche Kollegium hatte auch verſchiedene gelehrte Männer, als Kanzler, nämlich Zeſchlinus, Manſius, von Müller, von Wiſer, von Silbermann, Freyherr von Weichs, (**) Kirchbauer, Freyherr von Weitenau zu Froſchau ꝛc. Ferdinand Freyherr von Rummel zu Herrnried, dermal aber Vice-Hofkammer-Präſident zu Neuburg, und Karl Nopper, ſo dermal Kanzler davon iſt.

Ein ſehr ſchönes Statutum und Herkommen iſt in dieſem Herzogthume eingeführt, daß niemand eine Hofmark, Landſaſſen-Gut, oder adelichen Sitz beſitzen darf, er ſeye dann von wirklichen adelichen Herkommen, oder zuvor nobilitiret worden. Die Privilegien dieſes Herzogthums bey dem Landſtande ſind unter andern auch dieſe, daß ſelber von allem Ungeld des zu ſeiner täglichen Haus-Nothdurft nöthigen Getranks, das iſt, von braunen Bier, dann weiß Bier und Gerſtenbier, Wein, Brandwein und Meth befreyet iſt:

(*) Die Folge davon iſt aus dem von ſchon erwähnten Johann Baptiſt Geisburger, Neuburgiſchen Landſchafts-Regiſtrator Anno 1775 verfertigten Schema, oder Tabell hierüber genommen worden.

(**) Siehe pag. 25.

ist, auch keine Mauth, ober Accis von seinen selbst gebauten Sachen geben, anbey die in allhiesiges Land zu seinem Gebrauche selbsten einzuführende Stücke nicht vermauthen, ingleichen die Nachsteuer von seinen Hintersässen selbst einziehen darf, (*) wie es die Landesfreyheit klar zeiget. — — In diesem Lande ist auch ein doppeltes Geleit, eines wird das adeliche, das andere aber das Beamten-Geleit genennet. Jenes führet im Namen des Landesherrn ein zeitiger Landrichter zu Burglengenfeld, dieses aber ein jeder Pfleger zu Hemau an. Sie verfügen sich alle sechs Jahre gewis nach Regensburg. Bey den Adelichen reiten lauter Adeliche samt den reitenden Landbothen von Burglengenfeld, und verbleiben wechselweise zu Regensburg, oder im Spital am Fuße der steinernen Brücke auf wechselweise Kosten des bemelten Spitals, und etwelchen Bauern im Gerichte Heinsacken des Landrichter-Amts Burglengenfeld. Zu Etrizhausen kommen sie zusammen und frühstucken allda. Das Beamten-Geleit aber kehret allezeit im Kloster Prüffening Ord. S. Bened. etwa eine Stund von Regensburg ein, und es geschiehet auf Kosten dieses Klosters, wo sie auch fast 1½ Tage verbleiben. Diese beeden Geleite sind schon von langen Zeiten eingeführet. Dieses ist ein schönes Privilegium.

Dieses Herzogthum hat zu Nachbarn Baiern, Schwaben, Oettingen, Eychstätt, Anspach und die obere Pfalz. Nach dem Zeugniß Merians in seiner Topographia Palat. Bav. bey dem Herzogthum Neuburg soll es mit Einschluß Sulzbach zum Reichsanschlag monathlich 20 zu Pferd, dann

E zu

(*) Von Hinterfassen, so im Lande verbleiben, werden von hundert Gulden fünf genommen, die sich aber außer Land verfügen, müssen es doppelt geben.

100 zu Fuß, oder an Geld 640 fl. und zur Unterhaltung des Kammer-Gerichts jährlich 125 fl., nach dem erhöhten Anschlag aber 208 fl. 21 kr. 3 hl. den Thaler zu 69 kr. gerechnet, bezahlen, nachgehends soll es wiederum erhöht worden seyn. Moser in seiner Einleitung in das Pfälzische Staatsrecht Cap. 5. pag. 185 und 186 sagt, daß Neuburg bey den Reichs- und Kreißtagen die zweyte Stimm zwischen Baiern und Sulzbach zu führen, und Anno 1688 zum Kreiß inclusive Ehrenfels 38 zu Pferd, und 234 zu Fuß gegeben habe, nachgehends aber der achte Theil davon abgenommen, und Sulzbach angewiesen, endlich um ⅙, und auf das alterum tantum erhöhet worden seye, wovon auch Moser in seinem Staatsrecht Tom. 29. pag. 311 und 317 seqq. schreibet.

Sonder-

Sonderliche
Beschreibung des Herzogthums Neuburg.

Neuburg ist die Haupt- und Residenz-Stadt des ganzen Herzogthums, welches ehedem eine Grafschaft gewesen, dieß beweiset jenes Diploma, wovon Joh. Heinrich von Falkenstein in Antiquitat. vet. Nordgav. Part. II. C. 6. §. 17. pag. 332. eine ausführliche Beschreibung machet. Pfalzgraf und Herzog in Baiern Otto illustris hat zu seiner Zeit diese Grafschaft an das Herzogliche hohe Haus Baiern gebracht. In der zu Pavia in Italien vom Kaiser Ludwig im Jahre 1319 gemachten Theilung kam dieselbe an das hohe Haus Baiern, und im Jahre 1505 wurde sie von Kaiser Maximilian dem ersten zum Herzogthum erhoben, (*)

nach-

(*) Dieses Herzogthum hat seinen Ursprung vom Cölner Vertrag von Anno 1504 und darauf erfolgten Kaiserl. Ausspruch de annis 1505 & 1507. Was man aber im Jahre 1509 zu Ingolstadt und Heidelberg gemacht hat, betraf nur die Execution gemeldten Vertrags und Ausspruchs. Die Prätension, welche Herzog Albrecht in Baiern nach Absterben des Pfalzgrafen Otto Heinrich des letzten von der alten Churlinie auf die Neuburgischen

nachdem verschiedene Aemter, Städte und Märkte darzu geschlagen, und den hinterlassenen beyden Prinzen des Pfalzgrafens Ruperts Otto Heinrich nämlich und Philipp eingeraumet wurden. Aus den Erbschaftlichen Landen des Herzogs Georg wurden genommen Schloß, Stadt und Amt Neuburg mit den zugehörigen Wäldern, Höchstädt, Laugingen, Gundelfingen, Monheim, Hyppolstein, Allersberg, Flos, Bohenstraus, Endorf, Kornbrunn, Hausberg, oder Heinsberg, Greisbach und Burkstein; aus Herzog Albrechts Landen aber Sulzbach, Lengenfeld, Regenstauf, Velburg, Veldorf, Calmünz, Schwaigendorf, Schmidtmühlen, Hemau. Joh. Heinrich von Falkenstein P. 3. Classis 2. Cap. IV. p. 506. & 507. in seiner Baierischen Historie, wovon oben bey der General-Beschreibung des Herzogthums Neuburg schon was weniges gemeldet wurde. Merian. in Topograph. Bavar. pag. 55. Aettenkhover in seiner kurz gefaßten Geschichte der Herzoge in Baiern pag. 223. Es lieget diese Stadt an der Donau auf einer lustigen Anhöhe in dem Bisthum Augsburg, drey Stund von der Baierischen Stadt und Vestung Ingolstadt, und vier Stund von Aichstätt, der Haupt- und Residenz-Stadt des Herrn Fürsten und Bischofs allda. Ueber die Donau stehet eine dauerhafte Brücke, und ist am Ende mit einer Schanze verwahret. Diese Stadt ist wegen ihres Alterthums wohl berühmt, dessen Alterthümer Wellerus fol. 255 & seqq. Rerum Augustan. Vindelic. anführet, und Lib. V.

Rerum

gischen Lande wiederum hervorsuchte, wurde zwischen ihm und dem Pfalzgrafen Wolfgang durch den Vertrag vom 12ten August 1559 dergestalten beygeleget, daß jener für sich sowohl als seine Erben auf Neuburg, und dieser sowohl für sich, als seine Erben auf Baiern, jedoch nur so weit diese beederseitige Ansprüche von Herzog Georgs Tochter herrühreten, und mit dem Beysatz renunciirte, daß keinem Theil auf Abgang des andern Theils Namens und Stammens Abbruch, oder Nachtheil dadurch zugehen soll. D. de Kreitmayr Baierisches Staatsrecht Part. 3. §. 153. pag. 323.

Rerum Boicar. pag. 308 meldet, daß noch zu Zeiten Caroli Magni ein Bischof Namens Manno hier gelebet. Andreas Brunner führet ebenfalls Part. I. Annal. Boicor. pag. 717 an, daß in dem Concilio zu Dingelfing, so eine Stadt in Baiern ist, dieser Manno den ersten Sitz gehabt habe. Wer die Acta dieses Concilliums zu wissen verlanget, der findet solche bey dem Marco Welsero Lib. Rer. Boicar. pag. 160. seqq. wo er von dem Bischof Manno schreibet: Adfuere Dingolvingæ Episcopi primo loco Mannus Neoburgensis Ecclesiæ, quæ postea Episcopos habere desiit, Diœcesis magna Pars Augustæ Vindelicæ conjuncta, & inserta est &c. Man kan auch Adelzreiter in Annal. Boic. P. I. Lib. 7. pag. 174 nachschlagen. Zu Zeiten Herzogs Theffel, oder Thaffilo des dritten in Baiern ist dieses Concilium in Gegenwart von sechs Bischöfen und dreyzehn Aebten, als nämlich Bischof Mann von Neuburg an der Donau, Bischof von Sebin, St. Virgilius von Salzburg, Witzrich Erzbischof von Larch, Bischof zu Passau, St. Simbrecht Bischof zu Regensburg, Bischof Arb von Freysingen, Abt Opportunus von Manser, Abt Wolfbrecht von Niederaltach, Abt Albrecht von Degerasee, Abt Otto von Schlechdorf, Abt oder Probst von Ilsmünster, Abt Landfried von Baiern, Abt Albanus von Sandau, Abt Rudhart von Wessebrunn, Abt Ernst von Oberaltach, Abt Reinprecht von Pfaffenmünster, Abt Volkhart von Osterhofen, Abt Berthold aus dem Chiersen, Abt Segld von Weltenburg 2c. 2c. gehalten worden. In diesem Concilium hat man die alte Baierische Rechte, welche man in alten Schriften noch findet, verbessert, und nachfolgendes beschlossen. Als: 1) Alle Geistliche sollten ein ehrbares und frommes Leben führen. 2) Jedermann sollte den Bischöfen gehorsamen. 3) Die Mönche sollten in ihren Klöstern bleiben, und keine Pfarrey haben. 4) Klosterfrauen sollten sich nicht verehelichen. 5) Der Adel sollte seinen Stand so lang haben, so lang er die Lehen des Landes und des Fürsten genießet,

und

und dem Fürsten und Land Treue leisten. 6) An Sonntag soll man dem Gottesdienst abwarten, und den weltlichen Sachen nicht obliegen. 7) Wer an diesem Tage arbeitet, sollte Ochsen, Pferd und Wagen verliehren. 8) Wer endlich von solchen Arbeiten nicht abstehet, sollte seine Freyheit verlohren haben, und ein Leibeigener seyn. Davon schreibet Johann Aventin in der Baierischen Chronik Lib. III. pag. 311 und 322. Besagter Baierischer Geschichtschreiber führet ebenfalls Lib. III. pag. 311. den fünften Hilarium als Bischof zu Neuburg an, da eben Herzog Gerbold und Herzog Dieth der vierte in Baiern regierten. Dieser Bischof soll eben hier in der vormals den Nonnen, jezt aber den Exjesuiten zuständigen Kirche in der Mitte allda begraben liegen, wie unten noch soll gemeldet werden.

Nach dem Zeugniß Aventini Lib. III. pag. 313 ist bey der Regierung Herzogs Diethen des fünften in Baiern, welcher das dermalige Reichskloster zu St. Emmeran in Regensburg (denn zuvor hieß es zu St. Peter) erbauete, Bischof zu Neuburg an der Donau Degenbrecht gewesen, und zu den Zeiten Herzogs Diethen des sechsten war allda Bischof Beicterbus, welcher von dem heiligen Bonifacius dahin geschickt wurde, siehe Avent. Lib. III. pag. 318. Münster in seiner Cosmographia gedenket auch eines Witigis und eines Gerhardi, beyder Bischöfe zu Neuburg an der Donau. Lib. III. pag. 801, ingleichen Jakob Gretser in seinem Werk von den Bischöfen zu Eychstätt, und in desselben Anhang Cap. 5. pag. 568.

Dieses Bisthum wurde nachgehends vertheilet, und ein großer Theil kam davon zu dem Augsburgischen Bisthum, das übrige aber wurde dem Bisthum Eichstätt einverleibet. (*) Wiguleus Hund schreibt

(*) Davon schreibt auch Joh. Heinr. von Falkenstein in der Baierischen Gesch. tom. 2. pag. 74 p. 113, ingleichen Ertel Relat. Bav. pag. 79.

dann

schreibt tom. 2. Metrop. Salisburg. fol. 524, daß dieser Ort Neuburg zum Unterschied des alten Kastells Altenburg, dessen Anzeigen etwa eine halbe Stund oberhalb Neuburg in einem Wald ersichtlich sind, seye genennet worden. Und daher hält Joh. Heinrich von Falkenstein in Antiquit. Nordgav. vet. P. II. C. 6. pag. 333 davor, daß, da man die Grafen von Altenburg ansonst, nicht aber die Grafen von Neuburg findet, in den ältesten Zeiten die Grafen sich nicht von Neuburg, sondern von Altenburg geschrieben. Siehe Gabr. Bodenehrs Staats- und Kriegstheater von der obern und untern Pfalz. (*) Matthäus von Pappenheim sagt im 29 Kapitel vom Ursprung und Geschlecht der Herren von Calatin, daß Neuburg vor Zeiten seine Vorältern im Besitz gehabt. (**) Wie Münster in seiner Cosmographia Libr. V. Cap. 324 vermeldet, so sollte Neuburg ein Erblehen auf Söhne und Töchter vom Reich seyn. Diese Stadt soll samt der Stadt am Hof nächst Regensburg dem edeln Hans Zenger dem Reichen um 14000 fl. versetzet gewesen seyn; allein Herzog Stephan von Ingolstadt hat Neuburg in dem Krieg zwischen König Wenzel in Böhmen, und den Reichsstädten (der Rheinische Bund genannt) durch seine Haupt-

dann Freyherr von Kreittmayr Baierisches Staatsrecht P. 3. §. 136. pag. 259.

(*) Aventinus Lib. 3. pag. 229 sagt, daß zu den Zeiten Herzogs Diethen des ersten in Baiern diese Stadt wiederum aufgebauet worden, nachdem Geiso, der Hunnen, Abern und Anglern Hauptmann, bey dem Einfall in das Baiern Collatianum, Attilia, Altenburg bey Neuburg an der Donau ganz leer und öd antraf. Cit. Avent. pag. 298.

(**) Michael Münchmayer in seinem Jur. Public. Romano-German. noviss. sagt Cap. XV. pag. 400, daß Marescolo de Calatin, der im Jahr 1170 starb, der Stammvater dieses so alten adelichen Geschlechts, welches das Reichsmarschall-Amt schon sehr lange Zeit bekleidet, gewesen seye.

Hauptleute Peter Ecker, Wilhelm von Puchberg, und Johann Warter, welche sich dafür den 18ten Jenner im 13ten Säkulo geleget, da eben der vierte Tag in der ersten Fastenwoche war, den 7ten Tag darauf eingenommen, und ist sodann die Uebergabe von Weilhard Zenger erfolget.

Die Stadt Regensburg mußte hierauf Neuburg und Stadt am Hof einlösen, und den Hans Zenger schadlos halten: davon schreibt Cälestin Kraus Maufol. S. Emmerami Antiqu. Cap. 49. pag. 186. Johann Aventin Baierische Chronik Lib. 8. pag. 507. Ludwig Herzog in Baiern der Bucklichte von Ingolstadt hat seinen Vater Ludwig von Barth allhier belagert, und mit Hülf Heinrichs Herzogen zu Landshut in Baiern, und Albert Achyllis Markgrafen zu Brandenburg ihn gefangen bekommen, und dem Markgrafen von Brandenburg um 9000 Dukaten verkauft, welcher diesen 80jährigen Fürsten nach Anspach geführet, und allda aufbehalten, wo er nachgehends, alldieweilen er weder in ein Lösgeld sich einließ, weder bestrepet wurde, an Herzog Heinrich zu Landshut um 32000 Dukaten verkaufet wurde. Also melden P. Desing Ord. S. Bened. Part. III. a. 104. pag. 776, Pareus Histor. Bavar. Palat. Lib. II. pag. 91, Mærian Topograph. Palat. Bavar. pag. 35, Johann Aventin in seiner Baierischen Chronik Lib. 8. pag. 524, 25 und 26 beschreibt diese Geschichte etwas ausführlicher, und bezeuget dabey, daß es Anno 1443 geschehen, und Neuburg nach einer Belagerung von 18 Wochen erst sich ergeben habe, da eben das Fest Mariä Geburt begangen wurde. Dann neben dem Herzog Ludwig dem Bucklichten wurden auch Oswald Ottinger, Pfleger zu Ingolstadt, Jakob Beham, Reichard Kargel, Heinrich und Leonhard Marschälle von Pappenheim, Michael Riderer, Hauptmann des Herzogs Ludwig, und Heinrich Gertzinger in die Gefangenschaft gebracht, wovon ein mehrers bey obigem Aventin citat. Lib. & pag. nachzulesen ist. Bald Anfangs im May Anno 1504 ließ

Pfalz

Pfalzgraf Ruprecht, oder Rupert, die ihm von seinem Schwiegervater Georg dem Reichen von Ingolstadt, Herzog in Baiern, Testamentweis vermachte Schätze mit 70 sechsspännigen Wägen von Burghausen unter starker Bedeckung anher bringen. Siehe Anselm. Desing Part. III. pag. 229.

Neuburg hat im Schmalkaldischen Kriege vieles ausgestanden, und wurde von Kaiser Karl dem V. den 8ten September 1546 eingenommen, nachdem er nach erhaltenen Succurs mit 54000 Fußvölker und 9000 Reuter darbey erschienen ist. Georg Zorn von Bulach wurde als Commendant allda gesetzet. In dem Passauischen Vertrag wurde es dem Otto Heinrich mildesten Andenkens Anno 1552 wieder eingeraumet. Siehe davon Ansel. Desing Part. III. pag. 233 & 34; Coelestinus Maufol. S. Emmer. Antiqu. Cap. 53. pag. 238. Caspar. Bruschius in Chronologia Monaster. German. pag. 344. Pareus Histor. Palat. Lib. 6. Sect. I. pag. 256 & 57. Herzog Welff, ein Sohn Herzogs von der Ast genannt in Baiern, anfonst der Starke benamset, und erster Herzog aus diesem Geschlechte, wurde bey dieser Stadt Anno 1071 von Kaiser Heinrich dem vierten überwunden, und kam sodann auch in die Gefangenschaft, mußte nachgehends auch Land und Leute mit dem Rucken ansehen. Also schreiben Pareus Histor. Palat. Lib. I. Sect. V. pag. 43, Aventinus Annal. Boic. Lib. V. pag. 577, & Lib. VI. pag. 608, Raderus Bavar. Sanct. tom. 2. pag. 233, Brunnerus L. 9. pag. 93. tom. 3.

Hier ist Alphonsus ein Spanier, an seinem Bruder Johann Diaz Anno 1546 ein Mörder geworden. (*) Merian. pag. 55 und 56.

(*) Elias Reußner Leorinus in seiner so betitelten Isagoge Historica führet davon die Ursache pag. 154 an, des Inhalts: Anno 1546 Joannes Diazius Hispanus ob Evangelii Confessionem ab Alphonso fratre germano trucidatur.

Im Schwedischen Krieg ist es Anno 1632 und 33 etlichemal theils von Schwedischen, theils von Baierischen Völkern eingenommen worden. Merian. pag. 55 und 56. Dahier ward der Oberste Mürsche-fall den 5ten October 1632 geköpfet, alldieweilen er den Baierischen das baierische Städtlein Rhain übergab. Merian. Topograph. Palat. Bav. pag. 68. Philipp Ludwig höchstseligen Andenkens, Pfalzgraf und Herzog dahier, (dieser weiseste Fürst) ließ zwischen D. Hellbronner seinem Hofprediger und geistlichen Rath, und zwischen Benther und Hexamer, beyden Herzogl. Zweybrückischen Theologen ein Colloquium theologicum de Catechesi Bipontina Anno LXXXVIII. a fratre Joanne II. edita, & in Ecclesias, scholasque inducta: num scilicet in omnibus, & singulis verbo Dei, receptisque symbolis sit conformis? Anno 1643 dahier halten. Pareus Histor. Palat. Append. Poster. ad Lib. V. Sect. III. pag. 504. (*)

Maximilian Churfürst in Baiern zog sich Anno 1703 vor diese Stadt, belagerte und zwang sie, ihm sich zu ergeben, bis sie die alliirten Trouppen nach der bey dem Pfalz-Neuburgischen Städtlein Höchstätt übel ausgefallenen Schlacht Anno 1704 wieder eingenommen haben, und Maximilian der oben bemeldte, hat die von der Landseite allda noch stehende Rudera von Festungswerkern, welche Pfalzgraf und Herzog Wolfgang Wilhelm höchstseligen Andenkens allhier anlegen, oder doch zum wenigsten (wie Merian. Topograph. Palat. Bav. pag. 55 & 56. item Anhang pag. 26 schreibet) erneuern ließ, demoliret. Johann Hübner neuvermehrtes Staats-Lexikon

pag.

(*) Bey diesem Colloquio fand sich auch sein Herr Bruder der Herzog von Zweybrücken Johann der I. und seine beyde Herren Gebrüdere Friederich und Karl ein. Es dauerte fünf Tage. Also schreibet Pareus Histor. Palat. Bav. ad Præfationem de Reb. Palatin. script. pag. 126.

pag. 738. Mitten in der Donau auf einer Insel liegt ein wohl gebautes landschaftliches Bräuhaus, samt einer Mahlmühl, und kann man gleich linker Hand von der Brücke hineingehen. Ebenfalls zeiget sich gleich bey dem Eingang linker Hand die Landesherrliche Residenz, rechter Hand aber das Kollegium der aufgehobenen Societät Jesu. Die Residenz fällt sowohl in der Nähe als in der Ferne schön in die Augen, und geben ihr die gegen der Donau-Seite beyde stehende wohl gebaute Thürne ein herrliches Ansehen. Von diesem Fürstl. Schloß hat es einen sehr angenehmen und weiten Prospect in das Baiern hinein, in die Baierische Stadt und Festung Ingolstadt, dann in das nicht weit davon gelegene Fürstliche Jagdschloß Grünau. Von der Stadt aus aber sind nur die vordern Theile des Schlosses, nämlich das alte Schloß mit seinem großen und hohen Saal von sehenswürdiger Schönheit, so Pfalzgraf und Herzog Otto Heinrich von neuem erbauete, in etwas ersichtlich. Und obschon dieser Theil auf die alte Bauart erbauet worden, so verdienet er dennoch gesehen und bewundert zu werden. In diesem Theile ist auch eine Kirche, dann ein besonderer Ort, wo das Armarium, welches der verstorbene Burgvogt Martin Schuler mit vielem Fleiß wohl eingerichtet hat, und mit Bewunderung zu sehen ist, sich befindet. Es sind die mehreste Churfürstliche und Herzogliche Harnische aus dem Churpfälzischen hohen Haus, und endlich die Büchsen, welchen etwelche kennbare Namen samt den Wappen der Familie eingepräget sind, samt den Harnischen der einsmals gewesenen getreuesten Landstände dieses Herzogthums in gute Ordnung abgetheilet, darinn vorhanden. Es war in diesem Herzogthum das alte Herkommen, daß ein jeder, welcher ein Lehen empfieng, einen Harnisch, oder Büchse seinem obersten Lehenherrn allezeit geben mußte, nunmehr aber ist es in eine gewisse Geldsumme nach Bewandsame des Lehens verwandelt worden. Ingleichen ist der eben allda befindliche Saal gegen die Stadt hinaus von seltner Größe und Höhe anzumerken, pranget mit schönen

Gemälden der Chur-Pfälzischen und Pfalz-Neuburgischen, dann Sulzbachischen hohen Herrschaften. Dieser so herrliche Saal ist wohl sehenswürdig. Man wird nicht so leicht dergleichen von solcher Höhe und Weite antreffen. Man gehet durch einen sehr weiten Hof in den hintersten Theil des Schlosses, oder in das sogenannte neue Gebäu gegen die Donau hinaus, woran die Durchläuchtigsten Fürsten, Herzoge und Churfürsten Philipp Ludwig, Philipp Wilhelm höchstseligen Andenkens gebauet haben.

Dieses schöne Gebäu hat viele Bequemlichkeit, und können viele hohe Herrschaften darinn wohnen. Die Gänge sind sehr weit, und mit schönen Portraiten der in Lebensgröße in dem hohen Pfalz-Neuburgischen Stammhaus befindlichen Fürsten und Fürstinnen, dann auch Prinzeßinnen ausgezieret. Im untersten Gange erblicket das Aug ein Wildschwein abgemalt, welches der Durchlauchtigste Churfürst und Herzog Karl Philipp höchstseligen Andenkens in der Hollerau unweit Neuburg erlegte. Selbes wog 4 Centner und 40 Pf. in der Länge aber hatte es 7 Werk-Schuh und 4 Zoll.

Die vielen Zimmer dieses so artigen Gebäudes sind bequemlich eingerichtet, auch mit verschiedenen von Gold, Silber und Seiden gewirkten Tapeten versehen. Wegen ihrer künstlichen Arbeit verdienen diese gesehen zu werden; besonders aber pranget die in dem mittleren Stock und Saal gegen die Donaubrücke hinaus vorhandene so schön als künstlich gearbeitete Tapete. Derselben sind der von Pfalzgraf Otto Heinrich höchstseligen Angedenkens in das heilige Land in Begleitung verschiedener Adelichen Anno 1521 gethane Zug oder Reise mit vielem Fleiß eingewirket. Die Begleiter aber dieses Pfalzgrafen waren der von Braitenbach, Ulner von Dieburg, Georg von Leonrod, von Hirnhein, von Hirschhorn, von Wending, Reinhard von Meinel, und Georg Graf von Zweybrücken. Es

kamen

kamen aber nur die zwey letzten mit diesem Herzoge wieder zurücke; denn die übrigen sind theils auf der Reise, theils zu Jerusalem gestorben. Die den Tapeten eingewirkte Wörter lauten also: Der Durchlauchtigste Hochgebohrne Fürst und Herr Otto Heinrich Pfalzgraf bey Rhein, Herzog in Ober- und Nieder-Baiern, zog über Jerusalem zum heiligen Grab im Jahre nach der Geburt Christi 1521. Gegen die Donau hinaus ist eine weite Altan, wo eine mit verschiedenen Meermuscheln und Schnecken zierlichst versehene Grotte vorhanden, darinn kann das verborgene Wasser auf einen Zug der nicht sichtbaren Röhren (um den ganzen Leib des allda befindlichen begüssen zu können) verschaffet werden. Die Churfürstl. Hofkammer ist dermal auch darinn, die hohe Landes-Regierung aber hat ein besonderes Gebäu, so nicht weit davon stehet, und wohin man sich durch einen Gang verfüget. Vor die Landschaft dieses Herzogthums ist auch ein besonderes Gebäu, welches aber in der Stadt sich befindet.

In eben dieser Stadt zeiget sich ein feines Kollegium der nunmehro aufgehobenen Societät Jesu, es ist wohl gebauet und hat ein schönes Aussehen. Vor Zeiten war dieß ein herrliches Kloster des heiligen Benedikti-Ordens. Crusius schreibet in seiner Schwäbischen Chronik P. 2. pag. 210, daß solches Kaiser Heinrich der II. und seine Gemahlin Frau Kunigund Anno 1007 gestiftet. Gewoldus aber sagt tom. 2. Metrop. Salisb. fol. 525, daß dieser heilige Kaiser es vielmehr restauriret, als fundirt habe. Von dessen erster Stiftung kann man nichts mit Grund behaupten, wie solches Caspar Brusch in Chronologia Monaster. Germ. pag. 342 selbst bekennet, wo er anführt, daß der heilige Kaiser Heinrich und dessen Ehegemahlin die Pfalzgräfin Kunigunda auf inständiges Bitten des Bonnischen Bischofs Hilarii, und des Kaisers Kanzler es den Klosterfrauen Ord. S. Benedicti eingeräumet, und besagter Bischof Hilarius soll in der Mitte der Klosterkirche

Kirche begraben liegen, und wegen vielen Mirakeln soll bemeldter Hilarius ein schönes Mausolæum haben, wo er in Lebensgröße im Stein ausgehauen stehen soll. (*) Caspar Brusch in Chronolog. Monaster. Germ. pag. 342 & seqq. führet folgende Aebtißinnen dieses Klosters an, als:

1) Frau Ruttrudis.

2) Frau Ita.

3) Frau Mechtildis.

4) Frau Hademodis.

5) Frau Gerhildis.

6) Frau Rilindis.

7) Frau Agnes.

8) Frau Sophia.

9) Frau Guta.

10) Frau Kunigunda de Salern.

11) Frau Anna Pferringerin, welche Anno 1444 Aebtißin gewesen, und das Leben des heiligen Hilarius in teutscher Sprache geschrieben, und dem Pfalzgrafen, dann Herzog in Baiern, und dem Grafen zu Greisbach Ludwig dediciret hat, sie verschied Anno 1451.

12) Frau Elisabetha Lentershofferin.

13)

(*) Dermalen sehet man es nicht mehr.

13) Frau Barbara Brunnerin, sie verursachte die nachgehends Anno 1465 vorgenommene Reformation des Klosters, regierte 21 Jahre, und starb Anno 1486, sie liegt in dem Kreutzgang begraben.

14) Frau Anna Gurrin, welche, sowohl am Adel, als an Tugenden berühmt, 23 Jahre dem Kloster vorgestanden, nachgehends aber dieser Würde Anno 1509 entsaget hat, und endlich nach 8 Jahren Anno 1517 verschieden ist.

15) Frau Margaretha Herzogin in Baiern, Herzog Georgs des Reichen von Ingolstadt Tochter, welche von dem unweit Wasserburg, einem Baierischen Städtgen liegenden Nonnenkloster Altenhochenau als Aebtissin anher beruffen worden, so geschehen Anno 1509. Zimmermann in seinem geistlichen Kalender vom Rentamt Burghausen pag. 51 meldet, daß es Anno 1506 geschehen sey. Sie regierte 12 Jahr, resignirte aber ihre Würde Anno 1521, und lebte annoch 10 Jahre, verschied am Fest der heiligen drey Könige Anno 1531, und wurde in der Mitte der Kirche nächst dem Grab des heiligen Hilarius begraben.

16) Frau Eugenia Meiselbergerin wurde Anno 1521 Aebtissin, verschied Anno 1531, regierte 10 Jahre.

17) Frau Hilaria Egnerin, von Dünkelsbühl gebürtig, regierte 7 Jahre, und verschied Anno 1538.

Eben zu dieser Zeit fieng der Durchl. Pfalzgraf und Herzog Otto Heinrich höchstseligen Andenkens an, die Residenz, oder das fürstliche Schloß in vielen Stücken zu erweitern, und mit neuen Gebäuden

bäuden zu verherrlichen: deſſen Zierde, und zugleich alle heroiſche Thaten der Pfalzgrafen und Herzogen in Baiern, welche von Otto von Wittelsbach entſproſſen, Caſpar Bruſch in ſeinem 20jährigen Alter in gebundener Rede trefflich beſungen hat.

18) Frau Urſula von Seibelsdorf aus Baiern, wurde Anno 1538 erwählet, und regierte 8 Jahre. Dazumal entſtund der Schmalkaldiſche Krieg, wo dieſe Aebtiſſin aus Furcht vor dem Feind ſowohl, als der zu ſelbiger Zeit in Neuburg ſehr graſſirenden Peſt ſich mit dem ganzen Convent nach der ebenfalls Pfalz-Neuburgiſchen Stadt Laugingen begab, und allda einige Zeit verblieb, bis ſie gleichwohl gezwungen wurde, von da hinweg, und nach Schrobenhauſen, welches ein Städtgen in Baiern iſt, ſich zu verfügen, wo ſie am St. Cäcilia Tag auch ſtarb, und nachmals zu Kloſter Scheuern in Baiern begraben wurde.

Bey dieſen Zeiten wurde die Stadt Neuburg, Höchſtätt, Laugingen, Monheim ꝛc. von Kaiſer Karl dem V. obenerwähnter maſſen eingenommen, und Georg Zorn von Bulach als Commendant und Stadthalter geſetzet; Pfalzgraf und Herzog Otto Heinrich aber begab ſich nach Heidelberg, dazumal der Haupt- und Reſidenzſtadt der Churfürſten zu Pfalz, wo er den hiſtoriſchen Wiſſenſchaften gänzlich ergeben geweſen, und Zeit ſeiner glorwürdigſten Regierung dieſes Studium immer geliebet hat.

19) Frau Magdalena Hundin von Lauterbach aus Baiern, von gutem Adel entſproſſen, wurde am Tage des heiligen Pancratius Anno 1547 erwählet, ſtarb Anno 1555, und wurde in dem Kreutzgang des Kloſters begraben. (*)

Dieſe

(*) Merian Hiſtor. Palat. Bav. pag. 55 und 56, item Anhang pag. 26.

Diese war die letzte Abtißin. Sie hat dem Caspar Brusch, wie derselbe in seiner Chronolog. Monaster. Germ. pag. 334 behauptet, nachfolgendes von dem heiligen Kaiser Heinrich dem II. ihrem Kloster ertheiltes Diploma in dem Original gezeiget, und lautet also:

In Nomine sanctæ & individuæ Trinitatis. Henricus divina favente Clementia Romanorum Rex. Si Ecclesias Dei in augendo exaltaverimus, æternæ remunerationis emolumentum nobis inde profuturum, neutiquam diffidimus. Quapropter omnium S. Dei Ecclesiæ fidelium, præsentium scilicet, & futurorum noverit industria, qualiter nos tam pro nostræ, quam prædilectissimæ contectalis nostræ, Kunigundæ videlicet Reginæ, animæ remedio, sanctæ Neúburgensis Ecclesiæ Sororibus, sub S. Benedicti Regula degentibus, quædam nostri juris prædia totaliter donantes proprietamus in augmentum stipendiorum, situm in Comitatu Graispach scilicet Tagmarheim cum nemore, & Möringen situm in Comitatu Hirsperg, nec non Zell situm in Comitatu Neunburg cum omnibus eorum prædiorum attinentiis, & appendiciis, videlicet Ecclesiis, villis, areis, ædificiis, mancipiis, utriusque sexus, terris cultis & incultis, quæsitis vel inquirendis, viis & inviis; exitibus & reditibus, pratis, pascuis, compascuis, sive apium pascibus, silvis, saginis, aquis, molendinis, piscationibus ceterisque omnibus, quæ rite dici, vel scribi possunt, quolibet modo utilitatibus, & appendiciis. Præcipientes igitur regali Auctoritate jubemus, quatenus Benedicti semper gregis moderatrix sive Abbatissa, tam

tam præsens, quam etiam præfutura liberam dehinc habeat
poteftatem ante dicta prædia tenendi, poffidendi, colendi,
ædificandi, advocatum fupra ponendi, feu quidquid fibi li-
ceat modis omnibus ad ufum fanctimonialium, in prælibata
Neunburgenfi Ecclefia Deo monachice fervientium faciendi.
Et, ut hæc noftræ traditionis feu Donationis Majeftas fta-
bilis, & inconvulfa permaneat, hanc Chartam inde confcri-
ptam manu propria roborantes figilli noftri impreffione in-
figniri juffimus. Eberhardus Cancellarius vice Willigifi Archi-
cancellarii recognovi.

1007, 15. April. Data XVII. Calendarum Maji Indictione V. anno Do-
minicæ Incarnationis M. VII. Anno vero D. Henrici II.
regnantis V. Acta hæc funt Ratisbonæ feliciter. Amen.

Von diefem Klofter wurde Barbara von Hintzenhaufen in das
Klofter Hochenwarth Ord. S. Bened. in Baiern als Aebtiffin Anno
1485 gefetzet, ingleichen wurde auch von diefem Klofter Kunigunda
zu Hochenwarth Anno 1490 Aebtiffin. Cafpar. Brufchius Chronolog.
Monafter. Germ. pag. 545. Otto Heinrich Pfalzgraf und Herzog,
nachdem er die Proteftantifche Religion Anno 1542 angenommen,
und folche in fein Land eingeführet, fecularifirte unter andern Klöftern
feines Landes ebenfalls diefes Nonnenklofter, und zog es zu feinen
Kameralgütern. Die Nonnen verließen fodann das Klofter, wovon
einige zur Religion ihres Landesherrn herüber getreten find, etwelche
aber famt der Aebtiffin haben fich nach Kühbach, fo zwifchen Schro-
benhaufen und Aicha in Baiern liegt, und ein Nonnenklofter Ord.
S. Bened. ift, begeben, und ihre nöthige Unterhaltung erhalten. Siehe
Anfelm. Defing auxil. Hiftoric. P. III. pag. 233 und 34. Pareus Hiftor.
Palat.

Palat. pag. Otto Heinrich und sein Herr Vater Wolfgang, Pfalzgraf und Herzog, dann dessen Herr Vater Philipp Ludwig, Pfalzgraf und Herzog, hatten es in Besitz, bis endlich Pfalzgraf und Herzog Wolfgang Wilhelm (dessen Andenken niemals genug kann gelobet werden) die katholische Religion angenommen, und die öffentliche Glaubensbekänntniß zu Düsseldorf, der Hauptstadt der beyden Herzogthümer Jülich und Berg, den 16ten May Anno 1614 abgeleget, sothanes besessenes Kloster der Societät Jesu Anno 1618 eingeraumet, siehe Iselin Univ. Lex. tom. 4. pag. 916. Parcus Histor. Palat. Lib. V. Sect. III. pag. 295 & pag. 505. Merian. Topograph. Palat. Bavar. pag. 55 und 56. auch pag. 26. Sein Hofprediger und Beichtvater Jakob Reiching S. J. welcher aber nachgehends seinen Glauben verließ, nebst seiner Durchl. Ehegemahlin Maria Magdalena aus Baiern, bewog hiezu diesen Fürsten am vorderften. (*) Parcus Histor. Palat. pag. 505. Nunmehro stehet es unter Landesherrlicher Administration, nachdem die Societät Jesu aufgehoben worden. Die Exjesuiten befinden sich zwar noch darinn, und dociren mit besondern Fleiß sowohl die untern als obern Schulen, und statt eines Gymnasiums floriret unter glorwürdigster Landesregierung Karl Theodors, Höchstwelchem die Errichtung des Lycäums allda allhiesiges Herzogthum, und die Exjesuiten ihre Unterhaltung zu verdanken haben, dermal ein herrliches Lycäum.

Dieses gewesene Kollegium ist mit guter Stiftung versehen, die Kirche, welche zugleich die Hofkirche ist, und von Philipp Ludwig Pfalzgraf und Herzog, auf Art der Evangelischen Kirchen erneuert und erweitert worden, ist sehr groß, hoch und weit gebauet, auch oben herum mit Gängen versehen, dann mit vielen Altären ausgezieret,

(*) Siehe davon bey des Herzogthums Neuburg General-Beschreibung pag. 22.

zieret, besonders aber ist der Hochaltar zu bewundern: desselben Blat stellet in einem sehr schönen Gemählde die glorreiche Himmelfahrt Maria vor. Auf beyden Seiten des Hochaltars stehen zwey aus Marmor gemachte Statuen in Lebensgröße, nämlich der heilige Wolfgang und die heilige Magdalena, wobey an deren Fußgestellen zwey Inschriften zu lesen sind. Auf der einen Seite sind diese Wörter ersichtlich:

Hic jacet Magdalena Bavara
Fundatrix.

Auf der andern Seite aber diese:

Hic jacet Cor Wolfgangi
Wilhelmi Palatini.

In dieser Kirche ist auch ein schönes Gnadenbild der Mutter Gottes (Maria von Foßa genannt). Das Gnadenbild ist ganz klein. In der vordern Gruft, so der gnädigsten Landesherrschaft zuständig ist, liegen verschiedene Herzoge und Fürsten, dann Fürstinnen aus dem Pfalz-Neuburgischen hohen Haus in zinnernen Särgen, wobey ein so andere schön verfertigte Epitaphia zu lesen sind. Darinn dann liegt Pfalzgraf, Herzog und Churfürst Wilhelm, und hat nachfolgendes schönes Epitaphium.

Hic situs est
Serenissimus, & Potentissimus
Princeps, ac Dominus
Philippus Wilhelmus

Comes

Comes Palatinus Rheni, S. R. I. Architheſaurarius
Elect. Dux Bavar. Jul. Cliv. & Mont.
Comes Veldenſis, Sponh. March. Ravenſp. Mœrſ.
Dominus in
Ravenſtein
Natus Neoburgi XXV. Nov. M. D. C. XV.
Denatus Viennæ XI. Septembr. MDCXC.
Nunc hic exſpectans illud
Sonantiſſimum:
Surgite Mortui,
Sed tunc paulo poſt, uti ſperamus
Illud feliciſſimum. =
Venite Benedicti &c. &c.
Gener, & affinis ex duplici Conjugio
Sigismundi Uladislai,
Caſimiri, & Poloniæ Regum
Dein
Gregorii Haſſo-Darmſtadienſis Landgravii
Lectiſſimus
Socer Auguſtiſſimi Cæſaris Leopoldi Imp.
Regum Hiſpaniæ Caroli II.
Et Luſitaniæ Petri II.
Jacobi Regii Principis Poloniæ, & Oduardi Parmenſis
Primogeniti
Fortunatiſſimus.

Avus Sereniff. Regis Rom. & Hungar. Jofephi I.
Ejusdemque & Auguft. Filiæ
Imper. Eleonoræ Coronatorum
Amantiffimus
S. R. I. Archithefaurarius, & Elector,
e Re atque Confiliis de Publico
Meritiffimus:
Vitæ integerrimæ omniumque virtutum
Principalium Chriftianarum
Compendium vivum:
At
Abfolutiffimum
Ex Wolfgango Wilhelmo Palatino Neoburgicæ
Stirpis, & Magdalenæ Bavariæ Duciffæ
Surculus unicus, & optatiffimus.
Parens fereniffimi Electoris Joannis Wilhelmi
Cum octo fratribus, & octo fororibus
Fœcundiffimis.
Maritus primum Annæ Catharinæ Conftantiæ
Regiæ Principiffæ Poloniæ, Poftea Elifabethæ
Amaliæ Magdalenæ Haffo - Darmftadienfis
Principiffæ Landgraviæ
Amabiliffimus.
Summorum Pontificum Urbani VIII. Innocentii X. & XI.,
Clementis IX. & X. Alexandri VII. & VIII.
Sacræque Sedis
Cultor eximius

Reli-

Religionis Catholicæ & dignitatis Electoralis de Palatinatu
Rheni in Neoburgicam Lineam
Reductor Zellantiſſimus.

Die zweyte Frau Gemahlin Philipp Wilhelms, welche auch
darinn liegt, hat nicht minder ein ſchönes Epitaphium, wie folget.

Hic jacet
Sereniſſ. & Clementiſſ. Princeps, ac Domina
Domina
Auguſt. & Potent. Rom. Imperatoris
Leopoldi I.,
Sereniſſ. Hiſpaniæ, & Luſitaniæ Regum
Caroli II. & Petri I.
Sereniſſ. Jacobi Regii Principis Poloniæ,
Et Oduardi ex Duce Parmenſi primogeniti
Socrus fortunatiſſima
Nata Darmſtadii XXX. Martii M. D. C. XXXV.
Mortua Neoburgi ad Danubium IV. Auguſt. M. D. C. C. IX.
Inter acerba
Sereniſſ. Liberorum Funera. Infeſt. Belli Calamitates,
Variosque adverſos caſus
Animo ſemper erecto
Heroina invictiſſima.
Sereniſſ. ac Potentiſſ. Principi Philippo Wilhelmo
Com. Palat. Rhen. &c. &c. S. R. I.
Electori Architheſaurario

Per.

Per fecundum Matrimonium poft obitum Sereniff. Annæ
Catharinæ Conftantiæ defponfata XXIV.
Auguft. M. D. C. LIIL
Conjux Cariffima
Auguftiffimæ Imperatricis
Eleonoræ Magdalenæ Therefiæ
Sereniff. Hifpaniæ, & Lufitaniæ Reginarum
Mariæ Annæ, & Mariæ Sophiæ Elifabethæ.
Sereniff. Joannis Wilhelmi
S, R. I, Electoris Archidapiferi,
Aliorumque præterea VII. fereniff. filiorum,
& V. filiarum
Mater fœcundiffima,
Religionis Orthodoxæ poft Repudiatam
Lutheri adulterinam doctrinam
Cultrix Conftantiffima,
De omnibus fubditis bene, de Miferis melius,
De fe fola peffime mereri folita,
Domina Clementiffima
Induta vefte animo Conformi
Nempe Therefiana
Poft LXXV. Annorum Curfum
In hac Urna quiefcens
Cœlo digniffima
Terræ Contemptrix
Landgraviæ Haffo-Darmftadiæ, Princeps
Hirfchenfeld,

Comes

Comes Melioboch. Deuzii, Ziegenheimii
Nidæ, Schauenburgi, Ifenburgi, & Büdingæ &c. &c.
Elifabethæ Amaliæ Magdalenæ S. R. I. Electrix,
Comes Palat. Rhen. Bavar. Jul. Cliv.
Et Montium Dux:
Comes Veldenfis: Sponheimii: March. Ravenfp.
Princeps Mœrfiæ, Domina in
Ravenstein.
Ex Sereniff. Gregor. II. Landgravio Haffiæ
Atque
Sophia Eleonora
Electorali Saxoniæ Principe
Planta Electiffima
Auguftiff. Potentiff. & Invictiff. Romanorum
Imperatoris Jofephi I.
Sereniff. Hifpaniæ, & Lufitaniæ Regum
Caroli III. & Joannis V.
Avia gloriofiffima
Defuncto fereniff. Marito, fupremo Regum Regi
Arctius devota, fine votis Religiofa
Virtute pro regulis ufa
Vidua piiffima.

Es ist auch darinn bewahrlich aufbehalten das Herz der Durchlauchtigsten Fürstin und Herzogin zu Sulzbach, Wittwe Eleonora
Philippina Hedwig, Landgräfin zu Hessen-Rheinfels, Rothenburg:
der hohe Leichnam aber wurde nach Sulzbach, der Haupt- und

Regie-

Regierungsſtadt dieſes Herzogthums, in die Gruft der allda-
ſigen Kloſterfrauenkirche, der ſogenannten Engliſchen Fräulein
gebracht, und allda beygeſetzet. Bey deſſen obbemeldtermaſſen allhier ruhenden Herzen aber iſt dieſes Epitaphium, oder Ueberſchrift
befindlich.

Chriſtus vita mea, Mors Lucrum
Cor
Sereniſſimæ Duciſſæ Solisbacenſis
Viduæ Eleonoræ, Philippinæ, Hedwig,
Landgraviæ Haſſiæ,
Rheinfels, Rothenburg. Nata 17 Octobris 1712.
Denata 23 Maji 1759.
Neoburgi ad Danubium.

Das Herz des Durchlauchtigſten Fürſten und Herzogs Wolfgang Wilhelms wird auch darinn aufbehalten, der hohe Leichnam
aber liegt zu Düſſeldorf.

Deſſen Frau Gemahlin erſter Ehe, Magdalena, Herzogs
Wilhelm aus Baiern Tochter, ruhet ebenfalls darinn; und haben
obbemeldte Inſchriften.

Otto Heinrich, Pfalzgraf, gebohren Anno 1580, iſt aber auch
gleich darnach geſtorben, welcher ein Sohn Pfalzgrafen und Herzogs
Philipp Ludwig war, ſoll ebenfalls darinn verſenket ſeyn. Pareus
Hiſtor Palat. Lib. 5. Sect. 3. pag. 205. Beſagter Pareus macht zwar
keine Erwähnung darbey, daß obermähnter Otto Heinrich zu Neuburg gebohren und geſtorben ſeye, allein dieſe Geburts- und Ab-
lebens-

lebens-Stadt ist doch die sicherste, indem Philipp Ludwig allhier
residiret hat.

Diese Kirche der Exjesuiten soll vor Zeiten die Mutter- und
Pfarrkirche von der untern Stadt-Pfarrey gewesen seyn, wie man
dann bey Erbauung des Portals an dem Eingang der Kirche, und
bey Grabung des Grunds darzu etwelche Gebeine der im dabey gewesenen Gottesacker liegenden gefunden hat, und können noch einzelne Rudera der da gestandenen alten Kirche nächst dem Rathhaus gesehen werden.

Unweit dem Kollegio ist das Gymnasium, so aber dermal ein
Lycäum geworden. Es wurde Anno 1712 erbauet, und hierüber
diese Ueberschrift gesetzet.

> In Nomine Jesu. Amen.
> Anno a salutifero Virginis Partu 1711. Sede Rom.
> Imper. post Obitum Josephi I. vacante
> Dei Gratia
> Joannes Wilhelmus Comes Palat. Rheni, S. R. I. Archit. &
> Elect. Ejusdemque in Partibus Rheni, Sueviæ, &
> Franconiæ Provisor, & Vicarius
> Hoc novum Literatorum Gymnasium
> Societati Jesu decrevit
> Fundator Liberalissimus.
> Et Anno 1712. die 23 Maji
> Summo Pontifice Clemente XI.
> Rom. Imp. Carolo VI.
> Sub Præsidio
> B. Stanislai Koska.

A Literata Juventute in Patronum perpetuum electi primarium hunc lapidem folemniter fuo Nomine poni voluit a Ferdinando Andrea S. R. I. Comite de Wiefer, Conf. Elect. Intim. & Conf. int. Neoburgenfis Præfide.

Das bürgerliche Rathhaus von ziemlicher Größe stehet nicht weit davon. Auf dem großen Platz allda, wo der gewöhnliche Markt täglich gehalten wird, und welcher in schöner Ordnung mit gesetzten Lindenbäumen gezieret, ist ein aus verschiedenen Wasserröhren springender Brunn ersichtlich. An dem Ecke hat die teutsche Bruderschaft ein schönes Kirchlein unter dem Titel der schmerzhaften Mutter Gottes erbauen lassen. Die Klosterfrauen von dem Berg Carmel, vulgo die Carmeliterinnen besitzen in dieser Stadt ein Klösterle, samt einer kleinen Kirche. Die Durchlauchtigsten Fürsten aus dem Pfalz-Neuburgischen hohen Haus waren die Erbauer und Stifter davon. Pfalzgraf und Herzog Wolfgang Wilhelm hat es mit besondern Stiftungen versehen. Dieselben sind zwar nicht einträglich, allein der dermalen mit anflammenden wahren Andachtseifer brennende Churfürst, Pfalzgraf und Herzog Karl Theodor, erzeigte sich vorzüglich gegen dieses Klösterle mildest, da nämlich von der allhiesigen Hofkammer demselben etwas von Getreid, so anderen jährlich gereichet wird. Die Frau Schwester des Herrn Pfalzgrafen und Herzogen zu Sulzbach Johann Christians lebte darinn viele Jahre im Rufe der Frömmigkeit, und bekleidete dabey verschiedene Aemter. (*) Es befinden sich darinn nicht allzuviele Nonnen, sondern nur eine

Prio-

(*) Sie hieß Erneftina Elisabetha, gebohren den 15ten May Anno 1697, verehelichte sich an Landgraf Wilhelm zu Hessen-Wanfried, nach dessen Absterben wurde sie Carmeliterin zu besagtem Neuburg, und starb als Oberin im Rufe der Heiligkeit am Charfreytag Nachts um 10 Uhr im Jahre 1776.

Priorin, samt etwelchen Nonnen und Layenschwestern, und dienen Gott mit besondern Eifer, Liebe und Andacht.

Die Pfarkirche der obern Stadt ist ein altes und dauerhaftes Gebäu, dem heiligen Petro eingeweyhet, wobey ein besonders Canonicat von sechs Canonicis mit Einschluß eines Decani sich befindet. Es wurde von dem Pfalz-Neuburgischen hohen Haus ebenfalls gestiftet. (*) In der Kirche ist ein wunderwirkendes Gnadenbild, das Gnadenaug benamset. In dessen Gruft sowohl, als in der Kirche liegen verschiedene Adeliche, auch andere bey dem Pfalz-Neuburgischen hohen Haus in Würden gestandene Männer, als da sind Philipp Constantin Freyherr von Gise, (A.) und seine Eheconsortin von Eglhoff, Karl Joseph von Eglhoff, (B.) mit seiner Ehegemahlin Freyin von Seibolsdorf, Karl Christoph Freyherr von und zu Dietmanstein, (C.) mit einem schönen Grabstein, worauf dessen väterliche und mütterliche Agnaten eingepräget sind, nämlich: der von Weichs, Berlichingen, Hutten, Seibolsdorf, Gumpenberg, Adolsheim, Eyb, Croatien, Neideck, Seibolsdorf, Geiern, von

H 3 Gibel-

(*) Dieses Chorstift wurde von Churfürst Philipp Wilhelm gestiftet, wo er den 21ten Jenner die Confirmation Anno 1682 von dem Bischof zu Augsburg erhielt, und den 24ten Merz nämlichen Jahrs wurde Nachmittag der erste Chor gehalten. Damal war ein Freyherr von Freyberg Bischof.

(A.) Er war Pfalzgräflicher geheimer Rath, Kammer-Präsident, Ritter des heiligen Huberti-Ordens, und Pfleger zu Velburg, dann Herr zu Lutzmanstein und Allersburg. † den 10ten Junii Anno 1706.

(B.) War Churpfälzischer geheimer Rath, Kammerer, Land-Hofmeister, und Pfleger zu Reicherzhofen. † den 24ten December Anno 1654.

(C.) Churpfälzischer geheimer Rath, Kammerer, und Pfleger zu Riegenstauf. † den 5ten April Anno 1720.

Gibelstadt, Dornheim, Thingen. Anna Sabina von Hack, gebohrne von Ruland. Friederich Freyherr von Hack. (D) Leopold von Leopoldstein, (E.) und seine Ehe-Consortin Schützin von Pfeilstadt, Karl Freyherr von Piezwöchitz. (F.) Vier hinterlassene Fräulein Töchter des Tänzel Freyherrn von Tratzberg, benanntlich Maria, Felicitas, Josepha, Theresia, und vier Söhne. Es befinden sich auch dabey die väterlicher und mütterlicher Seits angebohrne auf einem großen Grabstein artig und künstlich eingehauene Agnaten, nämlich Tänzel von Tratzberg, von Graifensee, Gräfin von Gonzin, Zengerin, Edlweck von Sinningen, Brand von Hunstein, Wallers von Haussendorf, von Losnitz zu Steeg, von Sigertzhofen, Eisenreich, Preissing, Herzheim, Hofkirchen, Graf von Trautson, Gräfin von Meckau. Joseph Freyherr von Jesch, (G.) und seine Ehe-Gemahlin Anna Catharina Puhletin. Anna Catharina von Kaltenthal, gebohrne von Löwenberg, Johann Jakob Rees d'Ofendorf. (H.) Ignatius von Sigertzhofen, Gottfried Freyherr von Wieser (I.) von Wiesenthal, mit seiner Ehe-Consortin Hartmännin von Nirendorf, Joseph Bachner (K.) von Eggensdorf ꝛc.

Die

(D.) Churpfälzischer geheimer Rath, Kammerer, und Pfalz-Neuburgischer Obrist-Jägermeister.   † den 28 Febr. Anno 1690.
(E.) Geheimer Rath und Hofkammer-Director.   † den 13ten May Anno 1692.
(F.) Churpfälzischer geheimer Rath, Kammerer, und Pfleger zu Reicherzhofen.   † den 23sten Febr. Anno 1674.
(G.) Churpfälzischer geheimer Rath, Kammer-Präsident, Lehen-Probst und Pfleger zu Reicherzhofen.   † den 21 April Anno 1681.
(H.) Hofrath und Cammer-Director.   † Anno 1711.
(I.) Geheimer Rath, Hofrath und Landschafts-Kanzler.   † den 5ten November Anno 1693.
(K.) Pfalz-Neuburgischer wirklicher Regierungsrath, auf Mönchshofen, Wischenhofen, Ober- und Unter-Frauendorf, und Schrotzhofen, Churpfälzischer Truchses.

Die Klosterfrauen von der Gesellschaft der heiligen Ursula besitzen in der obern Vorstadt ein sehr großes und feines Kloster, mit einer Kirche, so sie bey Celebrirung großer Festivitäten sehr zierlich ausschmücken; die Nonnen allda unterweisen die Jugend weiblichen Geschlechts mit vieler Emsigkeit in schönen Arbeiten und Sprachen. Sie haben dahero viele in der Kost. (*) Es hat den Anfang seiner Fundation dem hohen Pfalz-Neuburgischen Haus billigst zu verdanken. Philipp Karl Churfürst übergab dem Kloster zu dessen Erweiterung einen größern Platz, dadurch dann das Kloster, besonders der Garten wohl erweitert wurde. Die Väter des heiligen Francisci Ord. reformat. vulgo die Franciscaner besitzen in der obern Vorstadt ein schönes Kloster. Philipp Wilhelm, dieser fromme und großmüthigste Churfürst ließ zu Ehren des heiligen Antonius das Kloster und die Kirche obgemeldten Vätern erbauen, und räumte es denselben Anno 1657 wirklich ein, wie dann selbes bis dato noch etwas am Getreide samt andern von alldasiger Hofkammer jährlich erhält. Unweit diesem Kloster stehet noch eine kleine Kirche mit einem Gottesacker, dem heiligen Georg eingeweyhet, es soll vor etwelchen hundert Jahren die Haupt- und Mutterkirche gewesen seyn. Zu Zeiten der vorgegangenen Glaubensveränderung soll dieses Kirchlein versperrt verblieben, und darinn kein evangelischer Gottesdienst jemals gehalten worden seyn. Es liegen auch sehr viele von Adel darinn begraben, als nämlich: Johann Christoph Wilhelm Freyherr von Reisach, auf Kirchdorf und Steinberg, (L.) Anna Catharina von Freyberg, in deren Grabstein etwelche Vorältern davon eingehauen sind, als nämlich von Schenk, von Stauffenberg, von Pappenheim und

---

(*) Dieses Kloster wurde von dem Churfürsten von der Pfalz Philipp Wilhelm im Jahre 1591 gestiftet.

(L.) Er war Churpfältsischer geheimer Rath und Kammerer, auch Pfalz-Neuburgischer Regierungs-Präsident, dann Pfleger zu Regenstauf. † den 18ten August 1764.

und von Grafenegg. Maria Sidonia Fortunata von Oberndorf. Wolfgang Michael von Silbermann (M) von Holzheim, und seine Ehegemahlin von Solickes. Hedwig Dorothea von Silbermann, gebohrne von Müller. Georg Melchior von Silbermann von Holzheim. Der Anno 1660 gewesene Telonarius von dem Herzogthum Neuburg Philipp Röschingeder, mit seiner Ehewirthin Euphrosina Linkin, Nicolaus von Müller de Gnadenegg, (N.) und ein anderer von Müller de Gnadenegg. Joseph Leopold Frey- und edler Herr von Coredo zu Runno, samt mehr andern, deren Namen mir dermal nicht wissend sind. In dieser Vorstadt ließ Karl Theodor, jetzt ruhmvollest regierender Churfürst und Landesherr, eine herrliche Casern vor etwelchen Jahren erbauen: selbe ist sehr groß und schön, und giebt es dergleichen wenig. Am Ende der oberen Vorstadt stehet das Kloster der barmherzigen Brüder. Es ist wohl gebauet. Die Brüder zählen dermal schon viele Betten, und dienen den Kranken mit stäter Emsigkeit. Pfalzgraf Wolfgang Wilhelm ließ es Anno 1653 erbauen, und versah es mit einer Stiftung, wie dann dieser gottseligste Fürst etwas von den in Monheim gewesenen Nonnenkloster Ord. S. Bened. befindlichen Einkünften diesem Kloster einverleibet, und dasselbe sowohl von der Hofkammer, als Landschaft, jährlich etwas erhält. In dem Kirchhof allda soll die letzte Aebtissin des Klosters Monnheim begraben liegen.

Nicht weit von diesem Kloster ist eine kleine Kirche, der allerseligsten Mutter Gottes von Loreto eingeweyhet. Nicolaus von Müller, Neuburgischer geheimer Rath und Hofkammer-Director, dann Pfleger zu Burkheim, welcher Anno 1678 verstorben, erbauete selbe,

(M) Churpfälzischer geheimer Rath und Landschafts-Kanzler, † den 22 October Anno 1657.
(N.) Soll in Kriegsdiensten gestanden seyn.

selbe, und stiftete ein Beneficium für seine Familie, welches diese auch zu vergeben hat. Obbesagter Stifter soll selbst darinn ruhen. (*)

Die in der untern Vorstadt befindliche Pfarrkirche ist wohl gebauet, den Pfarrer allda präsentirt das Exjesuiten-Collegium in gedachter Stadt. In dieser Vorstadt befindet sich ein Spital für alte und arme Bürger, welches einen besondern Spital-Verwalter hat. (*) Die verwittibte Königin in Spanien Anna, Pfalzgräfin, vermachte demselben 15000 Livres. Ein Kaufmann zu Neuburg, welcher ohne Kinder und noch ledig starb, benanntlich Maxillis, machte eine schöne Stiftung allda für arme Kinder, und ließ nach seinem Tod ein großes Haus erbauen, worinn diese Kinder wohl erzogen werden. Es hat auch einen besondern Administrator. Am Ende der obern Vorstadt ist der Hofgarten, so ziemlich groß ist. Diese Stadt hat zwey Thore, benanntlich das Donau-Thor und das Feldkircher-Thor. Vor Zeiten war diese Stadt wohl bevestiget, nunmehr aber sind die Werker davon ziemlich eingegangen. Gegen der obern Vorstadt ist sie mit einem Graben versehen.

Diese Stadt wurde von Kaiser Karl dem V. Anno 1545 hart belagert, und nachgehends eingenommen, nachdem derselbe mit 54000 Mann zu Fuß, und 9000 zu Pferd dabey erschienen ist. (*) Mausol S. Emmer. ältere Edition pag. 238. Als Anno 1632 die Baierischen
und

(*) Es ist dermal dem Pfalz-Neuburgischen Regierungsrath Trägerle zugehörig.
(**) Es wurde anfänglich von Adam von Törring, Ritter und Stadthalter Herzogs Friederich in Baiern im Jahre 1521 gestiftet. Zu dieser Stiftung that einen Beytrag Gabriel Arnold, gewesener Kammermeister zu Neuburg. Durch die bürgerlichen Vermächtniße wurde es ziemlich vermehret. Die Pfalz-Neuburgischen Herzoge dotiren dieses Spital auch.

und Ligiſtiſchen nach erlittener Niederlage beym Rhein von den Schwediſchen Völkern ſich hieher begaben, und bey Anzug des Königs in Schweden Guſtavs, der damals auf Augsburg gieng, wieder einen feindlichen Anfall auszuhalten ſich nicht getraueten, haben ſie ſich nach einem abgetragenen Joch der Brücke von der Donau hinweg begeben, aber der König von Schweden ließ ſelbiges bey ſeiner Ankunft wieder erbauen, nahm die Stadt ein, und zog ſodann den burgerlichen Rath in Arreſt; nachgehends nahmen es die Kaiſerlichen wiederum ein, nach Ankunft des Herzog Bernards von Weymar aber haben ſie es verlaſſen, und ein Stück von der Donaubrücke abgeworfen, wo ſodann die Bürger ſelbiges auf ihre Koſten dem Herzog Bernard erbauen mußten. Anno 1633 am 11ten Auguſt eroberten dieſe Stadt die Baieriſchen Völker, und führten alle Stücke und Munition nach Ingolſtadt, demolirten auch die Brücke ſamt der Schanze. Deſcript. Circul. Bav. Nürnberg de Anno 1703. pag. 116 & 97. Merian pag. 55 & 56. auch pag. 26. Dieſe Stadt wurde auch von dem Grafen Tattenbach den 3ten Febr. 1703 erobert, da eben Baron von Iſelbach Kommendant allda war. Das Neueſte von der Welt. P. 1. pag. 139, 40 & 41.

Die alliirten Trouppen aber bezwangen ſolche wiederum Anno 1704, nachdem die bey Höchſtädt vorgefallene Schlacht ſo übel ausgefallen. Oberhalb Neuburg in einem Wald ſind zwey alte zerbrochene Schlöſſer, oder Burgſtall. Das erſte wurde von den Römern Galeodonum, oder Calatinum, das andere aber Attilia benennet. Der gemeine Mann nennet es Kaiſersburg, oder Altenburg. Allda ſollen (wie Aventin Annal. Boic. Lib. 2. p. 152 meldet) viele Steine, welche deſſen Anführung nach zu Neuburg wären, gefunden worden ſeyn, auf dem erſten iſt dieſe Inſcription zu leſen:

D. D.

(*) Iſt ſchon davon oben Erwähnung geſchehen.

D. D. M. Tib. Caſſio Conſtantino juniori miſerrimo, qui vixit annos III. M. IIII. D. XXII. fecit Tib. Cl. Conſtantinus Pater filio dulciſſimo, a quo ſibi faciendum optaverat. Et Caſſiæ veræ Matri ejus, & Claudio Januario victori, & Marcellino Libertis fideliſſimis vivis fecit. Fideli quondam & Cajo & Modeſto ſuis cariſſimis perpetuæ ſecuritati.

Auf dem zweyten.

P. Ael. T. Saturninus Attilienſis Coloniæ veteranorum Civis vet. vixit A. LXXV. Saturninus C. R. F. S. C. Et S. IIII. Kalend. Jan. So alſo geleſen wird. P. Aelius T. Saturninus Attilienſis Coloniæ veteranorum Civis vixit 75 Saturninus Civis Roma faciendum ſibi curavit, & ſuis 4. Cal. Jan.

Johann Aventin meldet zwar Lib. & pag. cit., daß noch viele dergleichen Steine mit römiſchen Inſchriften, welche aber unlesbar wären, zu Neuburg vorhanden, ſolche wären aber theils zerbrochen, theils verbauet, theils die Schriften hierauf einwärts gekehret worden. In dieſer Gegend iſt guter Grund und Boden, dann viele Wieſen vorhanden. Vor Zeiten iſt auf den Bergen dabey Wein gewachſen, dermalen iſt davon noch etwas weniges anzutreffen.

Grünau.

Ein Churfürſtliches Luſt- und Jagd-Schloß, eine Stund von der Reſidenz und Haupt-Stadt Neuburg; liegt in einem Wald, der Grünauer genannt. Von obbemeldter Stadt und Schloß zeiget sich ein schöner und weiter Prospect zu diesem Schloß; massen der Weg dahin sehr weit ausgehauen ist. Es ist mit einem tiefen Wassergraben, worüber eine Brücke gehet, umgeben. Otto Heinrich, Pfalzgraf und Herzog, dann Churfürst, erbauete es Anno 1555.

Der dermalige glorwürdigst regierende Churfürst, Pfalzgraf und Herzog Karl Theodor ließ es Anno 1752 schön renoviren, wie es die auf dem Portal des Schlosses gesetzte Ueberschriften bezeugen. Nächst dem Schloß ist die Wohnung des Oberforsters. In eben gemeldtem Schloß Grünau wurde der so betitelte Abschied zwischen Herzog Wolfgang und den Ständen des Herzogthums Neuburg den 29ten September Anno 1562 zu Stande gebracht, wie dann dieser Abschied davon den Namen bis dato noch führet. (*) Letzt verflossene Jahre wurde selbes wiederum erneuert und verschönert, wie nämlich dieses Schloß von Karl August, Pfalzgrafen und ruhmvollest regierenden Herzog zu Zweybrücken bewohnet wurde.

Rohrenfels.

Ein großes und weitschichtiges Gebäu, etwan eine Viertelstund von dem Churfürstl. Jagdschloß Grünau, ebenfalls im Wald gelegen. Es werden allda die besten und geschicktesten Pferde von

ver-

(*) Dieser Abschied ist der Neuburgischen gedruckten Landesfreyheit in extenso beygebunden, und wurde von verschiedenen aus dem Ritter- und Burger-Stand unterschrieben. Die vom Ritter-Stande waren Hans Kraft von Westenberg, Heinrich von Olting und Simbrecht Leuck, dann Sebastian von Paulsdorf zu Kürn, und Hans Rumbold von Ellrichshausen; die vom Burger-Stande aber die beeden Städte Neuburg und Schwandorf. Siehe davon Neuburgische Landesfreyheit und Grünauischer Abschied pag. 29.

verschiedenen Sorten, und Maulesel in beträchtlicher Menge gezogen, welches wegen der in dasigen Gegenden befindlichen fetten und vielen Wiesen, und Waldschaften bequemlich geschehen kann. Die dasigen Stallungen sind sehr weit und schön erbauet. Nebendem sind noch besondere Wohnungen für den Bereiter, Futterschreiber und Stallbedienten vorhanden. Der mit Weltbekanntem Ruhm regierende dermalige Churfürst Karl Theodor ließ es in vielen erweitern, und brachte solches zur größern Aufnahm und Fortpflanzung. Man fechset dabey auch ein nahmhaftes Getreid von verschiedenen Sorten ein.

Bergen.

Ansonst Barring genannt, dermalen ein Dorf im Bisthum Eychstätt, eben dessen Pfarrey, und dann Landvogt-Amt Neuburg, 1½ Stund von Neuburg, und 4 Stund von Eychstätt.

Schon Anno 900 war allda ein herrliches Nonnenkloster zum heiligen Kreutz genannt, aus dem uralten Orden des heiligen Benedikti, und wurde unter Regierung Kaisers Otto des zweyten, und dessen Ehegemahlin Theophania von der Fürstin Wiltrude, das ist, Willigtreu, Heinrichs des ersten Enklin, und Herzogs Berthold zu Baiern Wittwe, gestiftet. Die Ursache dieser Stiftung aber (wie Caspar Brusch Chronolog. Monaster. Germ. pag. 341 & seqq. anführet) war folgende. Es regierten zu Zeiten Kaiser Heinrichs des Voglers ganz Baiern zwey sehr mächtige Fürsten und Brüder Arnold und Berthold, als letzte Sprossen der Nachkömmlinge Kaiser Karls des Großen, wovon Arnold, weil er wider Kaiser Heinrich sich gesetzet, von demselben überwunden, Baiern verlassen mußte, bis er endlich bey dem Kaiser Otto Gnade fand, und Baiern wiederum erhielt; allein es hatte keine Dauer; denn Arnold verfolgte allzustark die Geistlichkeit, daher er Anno 937 armselig verschied, und nachgehends zu St Emmeram in Regensburg begraben wurde. Nach ihm folgte Berthold sein Bruder, welcher aber nach einer zwölfjährigen Regierung Anno 949 verschied. Baiern erhielt sodann Kaisers Otto des Großen Bruder Heinrich, die obige Fürstin Wiltrudis aber als Wittwe, das Sulzgau, Nordgau und Schwannfeld, samt einigen Gütern bey Hersberg; sie regierte, und stiftete bey einem hohen Alter im 26 Jahr ihres Wittibstandes Anno 976 obbesagtes Kloster, wo sie auch die erste Aebtißin wurde.

Das Kloster ist zur Ehre Gottes des Allmächtigen, und seiner gebenedeptesten Mutter, des heiligen Kreutzes, und des heiligen Johannes erbauet worden, da eben Reginold der 11te Bischof zu Eychstätt war. Die Stiftung des Klosters, und die demselben ertheilte Privilegien, wurden von Kaiser Otto dem zweyten, und Otto dem dritten, dann Heinrich dem Hinkenden, welcher dem Kloster Dollenstein cum adjacentibus (wie Caspar Brusch cit. pag. 341 meldet) soll geschenkt haben, und Conrad dem Franken, welcher Ursingen dem Kloster übergeben, bestättiget. Pabst Johann der vierte confirmirte solche auch. Die Aebtißinnen dieses Klosters führet Caspar Brusch cit. pag. folgender maßen an.

1) Frau Wiltrudis, welche das Kloster gestiftet: die Jahre ihrer Regierung sind unbekannt. Sie starb am heiligen drey Könige Fest.

2) Frau Chrimheidis, sie verschied den 16 Merz.

3) Frau Bertildis. † den 18 October, unter diesen beeden letztern Aebtißinnen florirte das Kloster sehr wohl.

4) Frau

4) Frau Richinja.   † den 3 Junii.

5) Frau Heilca.   † den 27 Jenner.

6) Frau Anna von Schwumbach.   † den 30 April.

7) Frau Kilindis, wurde nach Verlauf einiger Jahre nach dem Jahre 1095 erwählt, wo eben die Klosterkirche wiederum consecriret wurde. Sie stunde sehr fromm und weislich dem Kloster vor, und war der lateinischen Sprache sehr wohl kundig, bey dem Kaiser Barbarossa Friederich sehr beliebt, wie sie dann von diesem Kaiser zur Reformirung des Klosters Altitona geschicket wurde. Allda wurden von ihr 33 geistliche Jungfrauen versammlet, und in aller Frömmigkeit, dann der lateinischen Sprache unterwiesen. Sie starb auch darinn den 22ten August. Die Jahre ihrer Regierung sind dem Caspar Brusch selbst nicht wissend gewesen. Caspar Brusch cit. pag.

Unterdessen verbrannte dieses Kloster gänzlich, und obschon nach Erbauung des Klosters etweiche Nonnen darinn verblieben, begaben sich jedannoch die mehrere davon nach Herspruck, bis endlich Eberhard, ein Herzog aus Baiern, Bischof zu Bamberg, sich dieses Klosters annahm, und mit Genehmhaltung ihres General-Visitators, des Abts Gottfried zu Agmond, sieben Jungfrauen samt einer Vorsteherin in das Kloster führte, und solches gleichsam von neuem lebend machte. Solches geschah Anno 1156.

8) Frau Rigelindis wurde vom Kloster Agmond als Aebtissin Anno 1156 geschicket. Sie stand dem Kloster 13 Jahre löblich vor. Sie nahm mit Einwilligung des Kaisers Friederich Barbarossa D. Sico-
linn,

linn, Schenken von Reicheneck, so das Schloß Altenstein damals bewohnte, als einen Schutzherrn ihres Klosters an. Sie starb den 4ten April 1169.

9) Frau Bertrada, starb nach einer zwölfjährigen Regierung den 26 April Anno 1181.

10) Frau Adelheidis, wie lang selbe regiert, und wann sie verstorben, führet Caspar Brusch pag. 553 nicht an, wie dann derselbe auch keine Erwähnung von den Jahren der etwelchen nachfolgenden Aebtissinnen machet.

11) Frau Hilteburgis. † den 20 Febr.

12) Frau Kunigundis aber, † den 7 Merz.

13) Frau Margaretha. † den 8 Merz.

14) Frau Kunigundis, die zwepte gleiches Namens. den 23 October.

15) Frau Adelheidis, aus dem Geschlechte der Schenken von Arberch, wurde Anno 1340 erwählet, regierte 46 Jahr sehr wohl, und verschafte dem Kloster sehr viele demselben mit Gewalt abgenommene Güter wieder. Sie starb in einem sehr hohen Alter den 16 November 1386.

16) Frau Margaretha, aus dem Geschlechte der von Muhr, sie starb nach einer halbjährigen Regierung den 30 Merz 1388.

17) Frau Anna von Salinsheim wurde Anno 1388 erwählet, und regierte 42 Jahr mit größtem Lob, kaufte zum Kloster den Zehend zu Braitenbrunn, und umgab den größten Theil des Klosters mit einer Mauer, sie wollte das Kloster gänzlich reformiren, wurde aber durch den frühzeitigen, den 30ten Febr. Anno 1430 erfolgten Tod daran verhindert.

18) Frau Elisabetha Steurerin, aus Regensburg, regierte 28 Jahre, sie verschied den 23 Febr. 1458. Zur selbigen Zeit wurde das Kloster nach der Regel des heiligen Benedikti reformirt.

19) Frau Barbara Eckerin, wurde von Augsburg zu Reformirung des Klosters geschicket, und starb nach einer 14jährigen Regierung den 4 Nov. 1472.

20) Frau Margaretha, wurde am Fest des heiligen Martins erwählet, regierte 26 Jahr, und starb an der Pest im Februario 1498.

21) Frau Euphemia von Mur, wurde den 14 Febr. 1498 Aebtissin, sie stand 23 Jahre und 5 Monathe dem Kloster glücklich vor, und starb den 15 Julii 1521.

22) Frau Sabina Pirkheimerin, eine Patritierin aus Nürnberg, wurde den 29 Julii 1521 erwählet, und den 7 August confirmirt, consecrirt aber den 11 May 1522, von Herrn Fabian Bischof zu Philadelphia, und General-Vicarius, dann Suffraganeus des Herrn Gabriel Fürsten und Bischofen zu Eychstätt, sie starb am Schlagfluß um 7 Uhr Nachmittag nach einer fast neunjährigen Regierung im 49 Jahr ihres Alters Anno 1529.

23) Frau Euphemia Pirkheimerin, der letztern Fr. Aebtiſſin Schweſter, wurde den 3ten Jenner erwählt, und den 19ten ejusdem Anno 1530 confirmirt, endlich von dem Herrn Anton, Biſchofen zu Philadelphia, und Eychſtättiſchen Suffraganeus, den 21ten Auguſt conſecrirt. Sie regierte ſehr nützlich 16 Jahr, und erlitt vieles Ungemach mit ſtandhaftem Gemüthe. Sie wurde Anno 1544 gezwungen, das Kloſter zu verlaſſen. Pfalzgraf Otto Heinrich, da er ſeinen Glauben verändert hatte, ſetzte dieſelbe ab, und ſtatt derſelben die Margaretha von Muhr als Adminiſtratorin ein. Als aber die Nonnen der von Muhr keinen Gehorſam leiſten wollten, begab ſich die abgeſetzte Aebtiſſin mit 25 Nonnen in das Kloſter zu Maria-Stein, unweit Eychſtätt, wo dieſelben faſt ein ganzes Jahr von dem Fürſten und Biſchofen zu Eychſtätt Mauritius von Hutten unterhalten, endlich in verſchiedene Klöſter, als nach Kloſter Holzen in Baiern, und nach St. Walpurg ſelbſten in Eychſtätt vertheilet wurden.

Die Aebtiſſin Euphemia aber begab ſich mit noch etwelchen Schweſtern nach Rhain in Baiern, und verblieb allda, bis daß die Schmalkaldiſch-Conföderirten das Kloſter Bergen ſowohl, als andere Klöſter in dieſer Nachbarſchaft Anno 1546 bezwangen, und endlich vor Rhain auch zogen, worauf ſie ſich nach Nürnberg zu ihrer Schweſter verfügte. Nachdem aber die Kaiſerliche Völker nächſtkommenden Jahrs das an der Donau liegende Pfalz-Neuburgiſche Gebieth erobert, und zu deſſen Gouverneur Zorn von Bullach beſtellet hatten, auch die damalige Adminiſtratorin von Muhr wohl eingeſehen, daß ſie zu Reſtaurirung des bereits verfallenen Kloſters Bergen allzuſchwach ſey; ſo hat dieſelbe den Herrn Fürſten und Biſchof zu Eychſtätt Mauritius von Hutten gebeten, die abgeſetzte Aebtiſſin in das Kloſter zurück zu berufen.

Mau-

Mauritius von Hutten willfahrte hierinn, und die Frau Euphemia erschien wieder in dem Kloster, und fieng ein und anderes zu ergänzen wiederum an; allein sie wurde von einer einen Monat lang daurenden Krankheit, woran sie auch den 15ten November 1547 starb, daran gehindert. Caspar Brusch verfertigte ihr folgendes schönes Epitaphium:

> Hic Euphemia, Birkenomanæ gloria gentis,
> O dilecta tibi, mi Bilibalde, soror
> Abbatissa Domus Bergensis non modo fida
> Verum Illustratrix ingeniosa cubo.
> Corpore sed tantum: nam Mens concredita Christo,
> Ipsius in gremio vivit, & astra tenet.

24) Frau Catharina Haberreinin, von Barchingen gebürtig, wurde den 6ten December 1547 erwählet, und den 20ten ejusdem confirmirt, im folgenden Jahre aber von dem Bischof zu Philadelphia, und Eychstättischen Suffraganeus Leonhard Haller den 4 April consecriret. Bey Bruschens Zeiten war sie noch allda Aebtissin, und übergab diesen conscribirten Catalogum der Aebtissinen dem Brusch selbsten, wie derselbe selbst pag. 351, 52, 53, 54 & 56 anführet. Crusius Schwäbische Chronik. Merian pag. 56. Anhang pag. 7. Hund. Metrop. Salisb. tom. 2. fol. 147. Gretserus Catal. Episcop. Eyst. 429. Von diesem Kloster wurde auch Scholastica von Babenberg nach dem Kloster Hochenwarth in Baiern als Aebtissin im Merz Anno 1545 postuliret. Caspar Brusch pag. 546. (*)

(*) Merian Topograph. Francon. pag. 17 sagt, daß Gutta, des Herzogs Gisbert aus Lothringen Tochter, das Kloster Bergen, zwey Meilen von Eychstätt, nachdem sie solches zuvor schön gebauet, mit Gold und Silber begabet habe.

Die dasige Kirche ist sehr groß und schön erbauet, und wie man sagt, sollen die Ochsen Kalk und Stein ganz allein ohne Führer und Leiter hierzu geführet haben. In dieser Kirche wird seit 900 Jahren ein heiliger Kreuzpartikel von seltener Größe verehret. Derselbe wurde von Judith Gisela, Herzogs Arnold des Scheurischen Tochter, und Heinrich Herzogs in Baiern, Otto des Großen und ersten Kaisers dieses Namens Bruders hinterlassener Wittwe, aus dem heiligen Lande Anno 931 überbracht, und dem Gotteshaus Bergen geschenket, welcher nebst andern drey Partikeln von der Lanzen, Säule und Krone dabey eingefasset, schon dazumal mit vielen Wundern leuchtete, bis es endlich beym Abstand von dem Glauben in einen hölzernen Stock, welcher in der Kirche bis dato noch aufbehalten wird, von den andächtigen Christen aber seines Holzes beraubet wurde, hinterleget, und verwahret worden. Nach Einführung des katholischen Glaubens wurde dieser heilige Schatz wieder hervorgethan; wie dann dieser heilige Kreuzpartikel samt andern heiligen Partikeln bis dato noch sehr verehret wird, wie es die in dem Gang der Kirche aufgehängten Votiv-Tafeln bezeugen. Vor Zeiten wurde es von den Wallfahrtern sehr besuchet, nunmehr aber finden sich nicht mehr so viele dabey ein. Bey dem Eingang in die Kirche zeiget sich rechter Hand ein schönes und groß gemaltes Bild, worauf folgende Inschrift zu lesen ist:

Wahre Abbildung der Durchlauchtigsten gottseligen Fürstin und Frau, Frau Judith Gisela, Herzogs Arnold des Scheurischen genannt, Tochter, Herzog Heinrich des Sachsen genannt, Kaiser Otto des ersten Bruders hinterlassene Wittib, welche Anno 900, etlich und dreyßig, eine kostbare Reise nach Jerusalem mit vielen ihrer Befreunden, in Begleitung vieler tausend Teutschen und Pilgramen angestellet, (des Oberhauptmann Graf Rad von Andechs war ihr leiblicher Bruder) und mit vielen anderen heiligen Reliquien von da,

und

und auf der Reise beschenket worden, womit sie ihr Reichsstift Niedermünster in Regensburg, und andere Klöster von ihr, und Graf Rad von Andechs gestiftet und begabet, deren eines mit einem Heiligthum von dem heiligen Kreuz das Kloster Bergen Benediktiner-Frauen allhier gewesen, so Gott mit vielen Wunderwerken begnadet, auch noch heutiges Tages allda die Andächtige zu genüssen haben.

Linker Hand siehet man ebenfalls ein schönes und großes Bild, worauf nachstehende Innschrift lesbar ist:

Wahre Abbildung des Durchlauchtigsten und seligen Fürsten Pantaleon Rasso, Herzogs zu Meran und Kärnthen, Grafen zu Andechs, Herzogin Juditha Gisela Bruder, der mit ihr nach Jerusalem verreiset, und viele Heiligthümer, auch von einem in seinem herrlichen Benediktinerkloster Wördt, so er gebauet, gebracht, und allda seine Begräbniß erwählet hat, solches Kloster von den Ungarn zerstöret worden, alle Mönche mit dem Heiligthum nach Andechs fliehen müssen, und da bleiben, wo sich die Anzahl der Heiligthümer vermehret, und eine große Wallfahrt noch heutiges Tages dahin ist, des Fürsten und Grafen Rasso seiner Grabstatt ist wegen allda noch geschehener Wunder von seinen Freunden eine neue Kirche erbauet, und den Can. Regularibus zu Haperdiessen übergeben worden, allwo er noch mit vielen Wundern leuchtet, und von den Wallfahrtern in großer Menge besuchet wird. Diese Gemälde sind mit beederseitigen Wappen und Portraiten versehen. Diese Kirche wurde vor etlich und dreyßig Jahren von dem damaligen Inspector des Seminarii zu Neuburg Auffenberg S. J. erbauet. Wolfgang Wilhelm Pfalzgraf, der den katholischen Glauben Anno 1614 annahm, raumte dieses Kloster dem Seminario zu Neuburg S. Crucis ein, worinn bis dato viele von Adel und andere in schönen Wissenschaften und verschiedener Musik unterrichtet werden. Von dem allda gestandenen Kloster sind nur

nur noch einige Rudera und altes Gemäuer zu sehen. Im Schwedischen Krieg sowohl, als in den nachkommenden Zeiten, muß es ruinirt worden seyn. Es ist ein besonderer Pfarrer allda, welchem besagtes Seminarium zu Neuburg präsentiret. Unweit davon ist ein besonders Caplanhaus, worinn dermal nur einer wohnet, obschon zuvor 4 bis 6 allda waren. Karl Philipp Churfürst ließ Anno 1718 eine Monstranz auf Art und Form eines Kreutzes aus Gold verfertigen, und mit vielen Diamanten, deren 732 daran sich befinden, nebst andern kostbaren Steinen trefflich ausschmücken.

Dieser frömmste Churfürst trug dieselbe aus angeflammter Andacht und brennenden Eifer gegen das heilige Kreuz zu Fuß nach Bergen, und beschenkte damit das Gotteshaus. Derselbe verehrte auch dieser Kirche sein Hochzeitkleid, so er bey Haltung seiner zweyten Eheverlöbniß getragen. Daßelbe war ein goldreicher Stoff mit Silber schön gestickt. Es wurde zu einem Meßkleid verwendet. In dem Dorf allda stehet noch eine kleine Kirche dem heiligen Georgio eingewephet, welche die Pfarrkirche hauptsächlich ist. Bey diesem gewesenen Nonnenkloster befindet sich schönes Gehölz, viele Zehenden und Unterthanen. Darinn ist auch ein Bräuhaus, das aber dem Wirth daselbst zuständig ist. In dieser Gegend ist guter Getreidboden.

Laugingen.

Eine feine und nach Neuburg die fürnehmste Stadt in dem Bisthum Augsburg, in dem Pflegamt Laugingen 7 Stund von Neuburg, und 1 Stund von der Bischöflich-Augsburgischen Residenz-Stadt Dillingen an der Donau, worüber eine Brücke gehet, sie liegt in einer sehr weiten Ebene. Sie pranget auch mit einem Schloß, welches an der Donau liegt, und ist eine sehr alte Stadt, die schon zu der Römer Zeiten gestanden, wie Johann Herold meynet. Daß sie eine sehr alte Stadt sey, erscheinet nicht allein aus den Gebäuden, sondern aus vielen alten römischen Sachen, deren theils noch ganz, theils etwas verderbt daherum, besonders zu Faimingen, nahe dabey gelegen, gefunden worden. Marcus Velſ. de rebus Auguſt. Vindelic. fol. 246. ſeqq. & fol. 254. Jacob. Schopp Chorograph. Germ. fol. 188.

P. Pertius in Beschreibung dieser Stadt sagt: Kaiser Friederich der vierte habe sie Anno 1458 dem Abten zu Fulda geschenkt, der solche hernach der Herzogin in Baiern als ein Hochzeitgeschenk gegeben, doch mit dem Beding, daß die Bürger daselbst nicht mehr als 300 Gulden Steuer und Auflagen jährlich zu reichen schuldig seyn sollten, dahero viele von Adel sich dahin begeben, er meldet aber nicht, wie diese Stadt an gemeldten Kaiser gelanget sey. Es müßte in dem Fürsten- und Städte-Krieg wider Baiern vielleicht geschehen seyn. Chriſtoph. Brov. Lib. 4. Antiquit. Fuld. pag. 323 meldet: daß Kaiser Ludwig aus Baiern Laugingen Anno 1324 belagert, eingenommen, und zur selbigen Zeit der Kirche zu Fulda genommen habe. Zuvor gehörte sie zu Schwaben, denn Conrad Herzog in Schwaben, den die Welschen Conradinum genennt, er sich aber Conradus secundus, König zu Jerusalem und zu Sicilien, dann Herzog in Schwaben geschrieben, verkaufte seiner Mutter Bruder Ludwig dem zweyten Pfalzgrafen des Wittelsbachischen Stammes, sonst dem vierten dieses Namens Herzogen in Baiern, Schwäbischwörd, Höchſtätt, Mörring, Wittingen, Schongau, Schwabeck, Amberg und Füessen, samt obigem Laugingen. Aventin Baierische Geschichte Lib. 6 und 7, fol. 369 und 379. Merian pag. 8. Herzog Welf der Alte, so Anno 1191 starb, und im Kloster Steingaden begraben liegt, verkaufte dem Kaiser Friederich Barbaroſſa, seiner Schweſter Sohn, was er in Schwaben und Baiern besaß, und enterbte Heinrich den Löwen,

Her-

Herzogen in Baiern, und seines Bruders Sohn, und verblieb es sodann bey Schwaben bis auf das Jahr 1266. Andreas Brunner Annal. Boic. Lib. 14. pag. 797. seqq. führet an, daß der König Conradus, Conradini Vater, vorher Laugingen, Höchstätt, Schongau, Schwabeck, Füessen und andere Schwäbische Städte dem Herzog Otto in Baiern, Vater des Herzogs Ludwig versetzet, solche aber Conradinus hernach dem Herzog Ludwig verkaufet habe, wie er am 821 Blat, da er besagten Versatz geschehen zu seyn, meldet. Aventin Lib. 7. pag. 467 behauptet, daß Conrad, der letzte Herzog in Schwaben, welcher zu Neapel an einem Montag dem nächsten nach Simon und Judastag Anno 1268 enthauptet wurde, Laugingen, Höchstätt ꝛc. ꝛc. dem Pfalzgrafen und Herzogen in Baiern Ludwig, so dessen Mutter Bruder war, verkaufet habe. Anselmus Desing P. 3. pag. 637 sagt auch, daß Herzog Ludwig in Baiern die Oerter Laugingen, Würth, Höchstätt, Möhringen, Dittingau, Schongau, Schwabeck, Amergau, Daisen, Füessen, von Conradino, (*) Herzogen in Schwaben, wovon die Mutter eine Schwester des Herzogs Ludwig war, Anno 1266 bekommen, und zum Erben eingesetzet worden sey, nachdem Conrad, Conradini Vater selbe um 1600 Unzen Gold verpfändet. — Es wurde auch von dem Kaiser Rudolph dem Ersten bestättiget. Anno 1505 kam Laugingen an das hohe Pfalz-Neuburgische Haus. Wie diese Stadt aber um oben erregte Freyheit wiederum gekommen, davon thut Matthäus Dresser in seinem Stadtbuch Bericht. Brower (wie Merian cit. pag. anführet) saget nichts davon, der doch dergleichen sagen sollte.

Albertus Magnus, aus dem Orden des heiligen Dominicus, und dem adelichen Geschlecht von Bollstadt, oder Laimingen, welcher Bischof

(*) Dieser Conradinus, als letzter Herzog in Schwaben wurde im Schloß zu Landshut erzogen. Merian Topograph. Palat. Bav. pag. 40.

Bischof zu Regensburg Anno 1261 geworden, wurde allhier gebohren. Dessen Leben beschreibt Brunner. Annal. Boic. p. 797 & seqq. Sein Gedächtniß ist allda noch in hohen Ehren. Um diese Zeit lebte auch eine schöne Gräfin Gesilina allda, welche eine gute Stiftung für die Armen machte, sie soll in der Pfarrkirchen begraben liegen. Ein Schuster allda überwand in einem starken Zweykampf einen tollen Ungar, und erhielt deßentwegen vom Kaiser Otto dem I. nebst andern Sachen, zum Wappen einen Mohren mit einer Kron und goldenen Kette, welches Wappen die Stadt noch führet. Er erhielt auch, daß die Stadt forthin mit rothem Wachs siegeln darf, wie dieses alles, nebst einem großen Pferd, so 15 Schuh lang gewesen, und um das Jahr 1260 geworfen worden, auf einem schönen Thurn, der Hofthurn genannt, so Anno 1571 erneuert wurde, gemahlet zu sehen, und artige Schriften, die Nicolaus Reu'ner gemacht, dermal aber nicht mehr lesbar seyn werden, dabey zu lesen sind. Die Pfarrkirche ist ein schönes und großes Gebäu, daran der Thurn 242 Staffel, und 301 Schuh hoch ist. Er wurde Anno 1518 zu bauen angefangen, Anno 1576 aber vollendet. Er soll auch ein kupfernes Dach, und darauf einen großen übergoldten Knopf haben. Wie Crusius in seiner Schwäbischen Chronik P. 3. Lib. 3. C. 5. meldet, und pag. 338 anführet, daß allhier in der Bruderkirche auf einem Stein also soll gelesen werden: Als man zählt nach Christi Geburt 1413, hat Herzog Ludwig in Baiern, und Graf zu Mortany, der Königin von Frankreich Bruder, angefangen die Stadt Laugingen erweitern zu lassen, die Stadtmauer und auch die Gräben zu verbessern, darzu den Weg über das Mooß machen zu lassen, und viele andere nützliche Gebäude in der Stadt, bitt Gott für seine Seele.

Descript. Circul. Bavar. de Anno 1703. pag. 201. Es hatten die Pfalzgrafen vorhin allhier ihr Begräbniß, und ruhen allda. Philipp Ludwig, Pfalzgraf, ist den 12ten August 1614 gestorben. Pareus Histor.

Hiſtor. Palat. Bavar. Lib. 5. Sect. 3. pag. 204. Friedrich, Pfaltzgraf der vierte Sohn Wolfgangs Pfaltzgrafen zu Friederichsburg, iſt geſtorben Anno M. D. XC. VIII. Cit. Pareus pag. 199. Suſanna, Pfaltzgräfin, die ſiebende Tochter Wolfgangs des Pfaltzgrafen, iſt den 27ten Junii Anno 1565 geſtorben. Pareus pag. 201.

Nachgehends wurde die neue Gruft in der dermaligen Erjeſuiten-Kirche zu Neuburg zur gewöhnlichen Begräbniß erwählet. Pfaltzgraf Wolfgang hat hier ein berühmtes Gymnaſium errichtet, welches ſein Sohn Philipp Ludwig wohl unterhalten. Es ſind darauf viele gelehrte Leute erzogen worden. Dieſes Gymnaſium beſetzten verſchiedene Profeſſores und berühmte Männer, endlich Anno 1565 Simon Oſtermann, dieſes Gymnaſiums Rector, Joannes Fridericus Cœleſtinus, Doct. Theolog. Wenceslaus a Caldenſtein, Martinus Rulandus, Doct. Phyſic. & Ling. græc. Profeſſ. Cyprianus Leoviticus, Mathematicus, Joannes Sebaſt. Pfauſerus, Concionat. Cæſar. & Eccleſ. in Provinc. Lauing. Gubernat., Conrad. Lætus Jurisperitus, Georgius Cleminius, J. U. D. Rector dieſes Gymnaſiums, Philippus Heilbronner, Profeſſ. SS. Scripturæ, und Superintendent. Siehe Pareus Hiſtor. Palat. Bav. pag. 49. Martin Zeiller, Centur. Epiſtol. Miſcell. pag. 639 und 640. Petrus Agricola, Hofmeiſter der Söhne des Pfaltzgrafens Wolfgang. Joannes Sturmius, welcher Methodum in docendo præſcriptam, & in ſchola Laugingana obſervatam, dann die vom Pfaltzgrafen Wolfgang dieſer Schule gegebene Geſetze ſchön beſchrieben hat. Schol. Lauging. ad D. Philipp. Ludov. & D. Joann. Comit. Palat. auctor. dict. Sturmio. Georgius Zeæmannus, auch Pfarrer, oder Paſtor alda. dict. Zeiller. pag. 676. Da Pfaltzgraf Wolfgang Wilhelm auch dahier die katholiſche Religion einführte, wurde dieſe berühmte Schul wieder abgeſchaft. Solches geſchah Anno 1618. Pareus Hiſtor. Palat. Bavar. pag. 508.

In dieser Stadt befindet sich ein Nonnenkloster aus dem Orden des heiligen Bernardus. Es war anfänglich eine Versammlung einzelner Jungfrauen, welche theils in der Stadt, theils ausser derselben vom Jahre 1270 bis auf das Jahr 1459. ohne gewisse Regeln beysammen gelebet, bis daß der General dieses Ordens auf ihr beständiges Anhalten sie seinem Orden in besagtem letzten Jahr einverleibet. Im 15ten Sáculo, da diese Stadt vom Glauben abgestanden, wurden sie mit Drohen und Schmeichelepen hart angefochten, und wegen ihrer Standhaftigkeit im Glauben aus ihrem Kloster vertrieben. Sie begaben sich sodann zu dem Grafen von Fürstenberg, der sie in das leer stehende Kloster Neidingen setzte, wo sie fast hundert Jahre verblieben, bis endlich der frömmste Pfalzgraf Wolfgang Wilhelm ihnen das Kloster Anno 1645 einraumte. Zu Zeiten des Pfalzgrafens Wolfgang und Philipp Ludwig soll in diesem Kloster oben bemeldtes Gymnasium gewesen seyn. Davon schreibt die so betitelte Idea Chronol. Topographic. Congr. Ciferc. St. Bernardi pag. 39. Augustin Sartor in seinem verteutschten Cisterzium bis tertium meldet auch pag. 757 und seqq. daß die ersten Anfängerinnen des Klosters, welche von vermöglichen Eltern gebohren waren, und alles ihr Vermögen zusammen trugen, und davon mit grosser Auferbaulichkeit lebten, zu Weichenau, unweit Dillingen und Laugingen miteinander wohnten, und sich Schwestern und Sammlungs-Frauen nannten, auch eine Meisterin, der sie in allen gehorchten, erwählten, bis sie endlich zu Laugingen mit Bewilligung des Stadtrichters Albert und bürgerlichen Magistrats, dann der Bürgerschaft, Anno 1240 etwelche Häuser erkaufet, und hierauf ihr Kloster angeleget und erbauet haben. Der Römische König Albert hat es auf Ansuchen des Burgermeisters und Raths dafelbst confirmiret, und dem Kloster den Freyheitsbrief ertheilet. Nach vollendetem Klosterbau waren sie zu Laugingen von Weichenau Anno 1246 eingezogen. Ihr Habit (ausser daß sie Mäntel trugen) war unbekannt, im Jahr 1459 wurden sie dem heili-

heiligen Bernards-Orden einverleibt, nachgehends wurde die Meisterin Priorin genennet, wovon die letzte Meisterin Barbara Reppin Priorin wurde. Seit der vorgenommenen Reformation im sothanen Kloster bis Anno 1515 wurden die Verstorbene dieses Klosters mit öffentlicher Procession und Läutung aller Glocken von der Pfarr bis zu der Stadt hinaus, von da aus aber von zweyen Augustinern bis nach Kaisersheim geführt, und allda begraben. Anno 1532 wurde aus diesem Kloster Frau Apollonia Gräfin nach dem Kloster Zimmern als Aebtissin postuliret, welche nach gut geführter Regierung Anno 1557 verschied. Im Jahre 1546 wurde sie gezwungen nebst Einstellung ihres Gottesdienstes die lutherischen Prediger in der Pfarrkirche anzuhören, welches so lang gedauert, bis Kaiser Karl der V. nach der den 3ten October des nämlichen Jahrs eingenommenen Stadt den Nonnen zu ihrer Freyheit geholfen, allein im Jahre 1552 wurde dieses alles wiederum abgeändert, sie hatten zwar die Administration ihrer Einkünfte bis auf das Jahr 1561, wo sie aus dem Kloster verdrungen, und daraus ein hohes Schul-Collegium gemachet wurde, sie hatten ihnen nachgehends aus eigenen Mitteln ein Haus samt dem Garten beym Dillinger-Thor um 825 Gulden erkaufet, und dazumal bestunden sie in 6 Chorfrauen, und 4 Layen-Schwestern. Sie begaben sich endlich in ein anders Kloster, nämlich auf Hof bey Meldingen, in der Landgrafschaft Baar, im Gräfl. Fürstenbergischen Gebiethe, eine Conventualin von Laugingen gebürtig, folgte ihnen nicht nach, und blieb zu Laugingen. Nach 82jähriger Abwesenheit wurde ihnen Anno 1645 das Kloster ad St. Agnetem eingeräumet, und durch Herrn von Grafeneeg im Namen des Landesherrn, in Beysein Herrn Georg Abt zu Kaisersheim, und dessen Kanzler Michael Scherer, dann des Stadt-Dechants Georg Pistor, und drey Bürgermeister der Stadt, dann Tobias Bissinger, Kaiserl. Notarius, davon in Besitz gesetzet, im Jahre 1670 ist das Priorat zur Aebtlichen Würde erhoben worden, und im Convent

sollen

sollen 18 Frauen und 5 Layenschwestern seyn, das mehrere davon siehe bey dem obigen Autor citat. pag. wo er alles ausführlicher beschreibet.

Der Orden des heiligen Augustinus hat allda eine schöne Kirche und Kloster. Es hat die Pfarrey Faimingen zu versehen, und ziehet auch den Zehend zu Unterbechingen. Der Ober-Rheinischen Provinz ist selbiges einverleibet. Den Stadt-Pfarrer präsentirt der Burgermeister und Rath allda.

In dieser Stadt ist ein mit guten Stiftungen versehenes Spital, das einen besondern Verwalter hat. Die Stadt gaudirt die hohe Jurisdiction, und hat einen Syndicum. Die Rathsglieder dürfen Degen tragen, und die Bürger müssen bey öffentlichen Versammlungen mit schwarzen Mänteln erscheinen.

Diese Stadt nahm Herzog Albrecht in Baiern Anno 1004 ein, Pater Desing Ord. St. Bened. P. 3. pag. 229. Anhero begab sich auf Befehl des Kaisers Sigmund Markgraf von Baaden zu dem Herzog Ludwig den Bartigten aus Baiern, um ihn von den vielen denen Fürsten, Klöstern und Adelichen zugefügten Bedruckungen ernstlich abzumahnen, wie solches Aventin in der Baierischen Geschichte Lib. 8. pag. 521 schon beschreibet.

Diese Stadt wurde von dem König Albrecht nebst noch andern Städten und Oertern in dem Churfürsten- und Städte-Krieg auch eingenommen, davon schreibt Aventin Lib. 7. pag. 476 auch sehr wohl. König Gustav in Schweden nahm sie auch Anno 1632 ein, und bevestigte selbige zum Theil. Anno 1646 aber als sie sich an die Franzosen ergeben hatte, wurde sie durchaus bevestiget, damit Frank-

reich

reich und Schweden in währendem Kriege damals an der Donau immer einen vesten Fuß setzen könnten. Merian pag. 42 & seqq Allein diese Werke sind mit der Zeit ziemlich ruinirt worden. In dieser Gegend ist ein guter Getreidboden und viele Wiesen. (*) Diese Stadt soll ein Reichslehen seyn, und der erste Kaiserliche Lehenbrief hierüber vom Jahre 1510 stehet in Lünigs Corp. Jur. Feudal. tom. I. pag. 665. seqq. Mosers Einleitung in das Pfälzische Staatsrecht Cap. 12. §. 9. pag. 618.

Burglengenfeld.

Die Hauptstadt im Nordgau, (**) im Bisthum Regensburg, an der Naab, (***) worüber eine Brücke gehet, 5 Stunden von Regensburg an einer großen Landstraße. Dabey auf einem Berg stehet das Fürstliche Schloß, so ziemlich groß, und wohl gebauet,

(*) In dieser Stadt sind auch zween Beneficiaten.

(**) Was Nordgau jetzt und vor Zeiten in sich begrief, wird in der allgemeinen Beschreibung vom Herzogthume Neuburg pag. 1 und 2. seqq weitläufig ausgeführt. Ich fand es sehr dienlich zu seyn, bey jeder Stadt, Markt, Hofmarkt rc. rc. die nämlich im Nordgau liegen, zum Unterschied des westlichen Theils dieses Herzogthums mittelst beygedruckten tw Nordgau es beyzusetzen.

(***) In hasiger Gegend um den Raabfluß herum wohnten die alten Narisceer, die nachgehends aber Armalausi genannt wurden, deren Namen von einer Art der Kleider herkommen soll, an welchen die Ermel herabhiengen, wie etwan an den Hausröcken der vormaligen Jesuiten es zu sehen war, welches dann so viel bedeuten kann, als Ärmel, oder Ermel außen, wie Anselm. Desing Ord. S. Bened, in seinen Auxil. Historie. P. 3. pag. 911 meldet.

bauet, auch bis dato noch gut unterhalten wird. (*) Darinn sieht man viele Zimmer und Säle, es befindet sich auch eine Kirche dabey, dem heiligen Erzengel Michael eingeweyhet. Unweit davon ist die Bewohnung eines zeitigen Kastners, und neben daran ein Haus, in welches die vom Adel und Beamte, wenn sie sich eines schweren Verbrechens schuldig machen, eingesperrt werden, und ist neben dem ansonst Carcer Episcopalis. Dieses Schloß ist mit einer hohen Mauer umgeben, worum man auf einem bedeckten Gang fast an allen Orten herum gehen kann, bey dem Eingang ist eine Schlagbrücke, obschon sich auch ein kleines Thürlein bey der Bewohnung des Thorwarths zeiget.

Es hat auch etwelche hohe Thürme, und ein großes Gebäu mit vielen Böden, worauf die von den Unterthanen jährlich einzuliefernde Früchte verschiedener Sorten aufbehalten werden. Vor Zeiten wohnten darinn berühmte Grafen, welche vielleicht Stammväter der beeden Churhäuser Pfalz und Baiern möchten gewesen seyn, wie Anselm. Desing Ord. S. Bened. Auxil. Historic. P. 3. n. 113. pag. 921. meldet. Aventin sagt in seiner Baierischen Chronik Lib. 4. pag. 339, daß dieses Lengfeld (von dem dabey befindlichen Schloß, oder Burg, Burglengenfeld genennet,) König Lauther in Baiern (**) den Söhnen des Pipini, benanntlich Bernard, Pipin und Herprecht, dessen Vater Bernard, weil er sich gegen den Kaiser Ludwig gesetzet, in einer zu Aachen Anno 800 von Fürsten und Ständen gehaltenen Versammlung, (deren Inhalt nach dem Zeugniß Aventins cit. Lib. & pag. of, dentlich beschrieben, im Kloster Tegernsee in Baiern aufbehalten seyn soll,)

(*) Herzog und Pfalzgraf, dann Churfürst Otto Heinrich, Philipp, und Philipp Ludwig hielten sich darinn auch bisweilen auf, besonders wenn sie sich dahin auf die Jagd begaben.

(**) Er war Kaiser Ludwigs Sohn.

soll,) seiner Länder entsetzet, und ihm die Augen Anno 818 ausgestochen wurden, samt noch einigen Oertern in dem Nordgau zwischen den Flüßen Regen, Naab und Vils eingeraumet habe, und obenbesagter Aventin cit. pag. 339 beschreibet es weitschichtig. Johann von Falkenstein Antiquit. Nordgav. P. 2. C. 6. Abs. 14. pag. 324. meynt, daß durch diese Grafen dahier nicht jene, so von Kaisers Caroll M. ältesten Prinzen Pipino abstammen, von welchen dessen Urenkel Bernard auf das Nordgau soll gekommen seyn, und zu Lengfeld, dermal Burglengenfeld, als ein Graf gewohnet haben, verstanden seyen, sondern diese seyn andere Grafen, die zu Lengfeld, das ist, Burglengenfeld, gewohnet haben, von welchen man weiß, daß Sigena, eine Wittwe des Grafen Viperti L Herrn zu Balsamia, und Tochter Goswins des Grafen von Leigge, Friedrich Graf von Lengfeld im zwölften Säculo beyrathete. Und der Professor Schwarz soll deren Geschlechtsfolge zu Altdorf entworfen, und mit gelehrten Anmerkungen erläutert haben, auf welchen Johann von Falkenstein verweiset. Tollner. Histor. Palat. Tabul. B. Albini Geneal. Comit. Leisnic. pag. 12. Otto der vierte, ein Sohn Otto des dritten, Pfalzgrafen von Wittelsbach, hatte zur Ehe Heilickam eine Tochter Friederichs Grafen von Lengfeld, wie Pareus in sua Histor. Palat. Bav pag. 27. gar schön anführt, und derley auch pag. 605 & 606 weitschichtig wiederholet, wo besagter Pareus etwas von dem Lengfeldischen Stammbaum beysetzet, wie folget.

Gos-

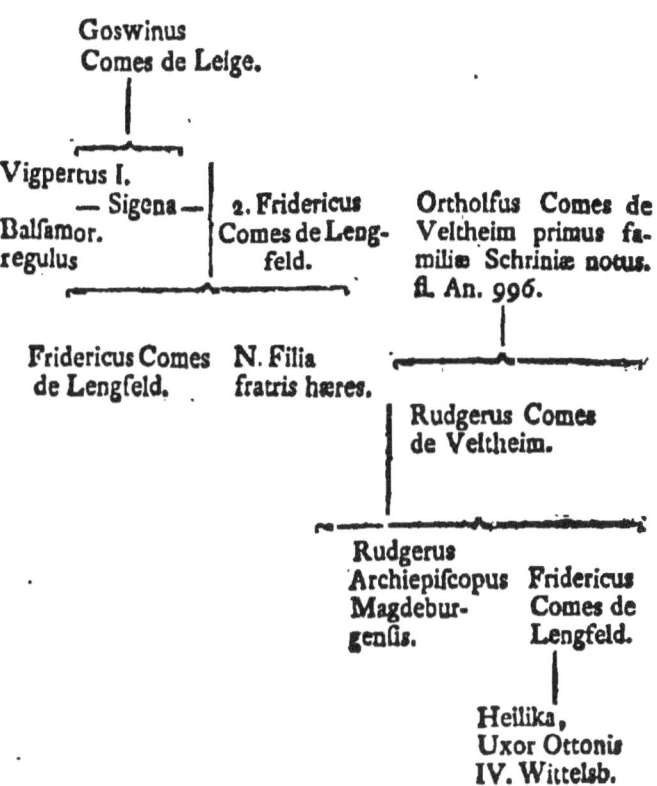

Aventinus Annal. Schir. pag. 211 thut auch Meldung davon, und pag. 207 sagt er, daß Otto der vierte, von Wittelsbach, von der Heilica, Gräfin von Lengfeld, vier Söhne erzeuget, nämlich Otto den Großen, so hernach Herzog in Baiern geworden, dann Friedrich Otto den jüngern, und Conrad Bischof zu Maynz und Salzburg. Er liegt zu Untersdorf in Baiern begraben. (*) Avent. Annal. Schir. pag. 214. (**) Diese Grafschaft hat der Herzog Ludwig, in Baiern, ein Sohn Otto des Großen, nebst noch andern Grafschaften an sich gebracht. Aettenkhover Baierische Geschichte pag. 8. Falkenstein tom. 3. pag. 77. Aventin Baierische Chronik Lib. 7. pag. 461. Im Jahr 1255 bekam Lengfeld, jetzt Burglengenfeld, Ludwig, Stammvater beeder hoher Häuser, Churpfalz und Baiern, und ein Sohn Otto des Erlauchten, nebst der Pfalzgrafschaft am Rhein, München, die Burggrafschaft Regensburg, Caßmünz, Ingolstadt, und das Oberland Baiern. Cœlestinus Ord. S. Bened. Mausol. S. Emmerami Antiqu. C. 45. pag. 260. Wie Joseph Anton Aetthenkhover in der Baierischen Geschichte pag. 222 und 224 meldet, so soll zu Lengfeld ein Vicedom-Amt gewesen seyn. Diese Grafschaft verblieb bey dem hohen Haus Baiern, bis solche Anno 1505 gleichwohl an das hohe Pfalz-Neuburgische Haus kam. Die Pfarrkirche ist ein schönes Gebäu, wohl ausgemalt, und mit schönen Altären gezieret. Das Blat des Haupt-Altars stellt den heiligen Veit vor. Die Glocken

(*) Er starb Anno 1146. Joseph Anton Aetthenkhovers Baierische Geschichte pag. 1.

(**) Besagter Aventin führt Lib. 4. pag. 362. einen Luitpold, Grafen von Lengfeld, des Kaisers Arnulphus dazumal gewesenen Hauptmann an, und sagt dabey, daß dieser Luitpold, ein Sohn des Grafen Arnulphs zu Lengfeld auf dem Nordgau, welcher von den Normännischen Völkern ungefähr Anno 891 umgebracht wurde,

Glocken sind in einem besondern hölzernen Gebäu, welches auf dem Berg des Schlosses steht. Die große Glocke daselbst hat auf einer Seite einen Schild und ein Osterlämmlein, samt einem beinernen Kreutz, darum stehen diese Worte:

Siehe das trägt die Sünd der Welt.

Auf der andern Seite das Pfalzgräfliche Wappen, darunter die Schrift:

Philipp, von Gottes Gnaden, Pfalzgraf beym Rhein, Herzog in Ober- und Nieder-Baiern, der hat die Glocken auf Seiner Fürstl. Gnaden Kosten gißen lassen mit dem Hang nach der Geburt Christi Anno 1531. Oben am Rand steht geschrieben: Gott allein die Ehre in der Höhe, und uns Menschen auf Erden sey göttlicher Friede, darum, daß der ewige Gott seinen einzigen Sohn Jesum in die Welt gesandt, welcher durch den heiligen Geist und das Wort empfangen, Fleisch und Mensch geworden, aus Maria der Jungfrau gebohren, den auch sein himmlischer Vater an das Kreutz bis an den Tod für uns gegeben, abgestiegen zu der Höllen, die Altväter erlöset, an dem dritten Tage auferstanden von den Todten, aufgefahren gen Himmel, sitzet zu der Gerechten Gott des Vaters, in welchem Namen auch Gott der Vater den heiligen Geist uns zum Trost und Stärkung des Glaubens gesandt, alles aus der wunderbarlichen unaussprechlichen geliebten Liebe willen, so diese göttliche Majestät zu uns sündigen Menschen gehabt hat, und durch seines heiligen bittern Leidens und Sterbens seines eingebohrnen Sohns, von dem ewigen Tod erlediget hat, sagen wir samt allen Heiligen und aus-

wurde, gewesen, und von welchem das hohe Churbaierische Haus entsprossen wäre. Citat. Avent. pag. 361 & 362.

auserwählten Christglaubigen Gott alle Glorie, Lob, Ehr und Dank in Ewigkeit, Amen. (*)

>Laudate Dominum in Cimbalis,
>Benefonantibus, laudate Dominum
>   in jubilationibus,
>Omnis spiritus laudet Dominum.

Die andere:

Sturm=Glocken genannt, hat folgende Auffchrift, und stehr also.

>Gott erbarm dich unser!
>
>M. D. XXXVII.
>
>Sebald Huetter zu Neuburg goß mich
>
>Anno 1537.
>
>Gott sey uns gnädig, er laß uns sein Antlitz
>leuchten,
>
>Daß wir auf Erden seine Werke erkennen.

Das

(*) Diese Glocke sollen die Schweden (wie man sagt) hinweg, und bis an den Ort, wo das Armenhaus dermal steht, geführet, auch darein ein Loch, welches aber nachgehends zugemacht worden, gebohret, oder geschlagen haben. Sie konnten es nachhin nicht mehr weiter führen, und mußten es allda stehen lassen.

Das Pfalzgräfliche Wappen, und darunter: Philipps von von Gottes Gnaden, Pfalzgraf bey Rhein, Herzog in Ober- und Nieder-Baiern, der hat die zwo Glocken auf Seine Fürstl. Gnaden Kosten gißen lassen, mit dem Anhang nach der Geburt Christi 1537.

Die dritte Glocken.

Das Pfalzgräfliche Wappen, und darunter:

Philipps, von Gottes Gnaden, Pfalzgraf bey Rhein, Herzog in Ober- und Nieder-Baiern, hat die Glocken auf Se. Fürstlichen Gnaden Kosten gißen lassen.

Nach der Geburt Christi
Anno 1537.

Gedenk das End!

Sebald Hüetter zu Neuburg goß mich.

Förcht Gott, und sag wohl bedacht!

Nota.

Uiber dieser Glocke ist noch ein kleines Glöcklein, daju ist nicht wohl zu kommen. (*)

Nicht weit von der Pfarrkirche stehet der Pfarrhof, den daßigen Pfarrer präsentirt das Kloster Bielenhofen, Ord. S. Bernard. aber von

(*) Diese vorstehende Glockenbeschreibung wurde aus des Wolfgang Erhard, Kloster Bielenhofischen Pfarrers und Kirchenverwalters Anno 1692 gemachter Kirchenrechnung extrahiret.

von dem Reichsstift Kaisersheim aus besagten Orden, dem es incorporirt ist, bestättiget werden muß. Es war dahier vor Zeiten ein Diaconaten-Haus, und lag hinter der Stadtmauer bey dem Klingenthor zwischen zween Gärten, so darzu gehörig, es ist vor diesem die Sängerey genennt worden, neben dem soll derley hinten in der Gassen zwischen Peter Augustins öden Haus und Aegydius Meichsners Hoflade sich befunden haben. Ausserhalb der Stadt liegt eine Kirche, dem heiligen Georg dedicirt, samt dem Gottesacker der Stadt gegen das Widum-Haus, über, wo der Pfarrhof soll gestanden seyn. Jenseits der Naab-Brücke ist noch eine andere kleine Kirche, zu Ehren des heiligen Sebastians erbauet, befindlich.

Das dasige Capuciner-Kloster wurde Anno 1708 beyläufig erbauet, die Kirche aber erst den 12ten August 1727 zu Ehren des heiligen Antonius geweyhet. Es soll aus verschiedenen Allmosen gutherziger Leute erbauet worden seyn. Es erhielt auch etwas von dem alldasigen sogenannten Hofgarten, um ihren Klostergarten zu erweitern. In der alldasigen so betitelten Kanzley, so dermal die Bewohnung des zeitigen Landrichters ist, soll sich einsmals zugetragen haben, daß ein Sicher, aus einem alten adelichen Geschlechte, seinen Bruder aus großer Eifersucht ermordet habe, und die Merkmaale des geflossenen Bluts wären viele Jahre sichtbar gewesen. Diese Stadt bräuet gutes Bier, welches wegen der guten Keller wohl aufbehalten werden kann, wie es Johann Hübner in seinem Staats- und Zeitungs-Lexicon pag. 200 selbst anrühmet. Es ist auch allda alle vier Wochen ein großer Viehmarkt.

Pfalzgraf Philipp errichtete darinn für die alten Unvermöglichen, sowohl in dieser Stadt, als im Landrichter-Amt, dann den Aemtern Heinsacker und Callmünz eine schöne milde Stiftung, an-

sonst

sonst das goldene Almosen genennet, wo man wöchentlich etwas gewisses an Geld austheilet. Ein besonderer Verwalter ist darüber gestellet, und seine Einkünfte bestehen in Zehend, Gült und Zinnsen. In dieser Stadt ist auch ein besonderes Schlößel, worzu einzelne Hintersassen gehörig sind, und wird die Hofmark Lengfeld genannt, es ist auch dabey eine Oekonomie. Die Altmänner, (*) der von Hartingen und von Forster besassen es. Nunmehro ist dessen Innhaber Heinrich Joseph Freyherr von Franken, auf Pirkensee, Churpfälzischer und Pfalz-Neuburgischer geheimer Rath. Diese Stadt sollen die Böhmen im Jahr 1504 erobert, nachgehends aber nach angezündeten allhiesigen hohen Schloß wieder verlassen haben. P. Anselm. Desing. Ord. S. Bened. P. 3. pag. 786.

Ebendieselbe wurde auch Anno 1633 den 8ten November von den Schweden unter dem Obristen Rose mit List eingenommen, und bekamen diese dabey 21 Stück, samt andern Vorrath, darauf auch Anno

(*) Bey dem Anno 1604 gehaltenen Landgericht zu Burglengenfeld und Caßmünz findet man einen Altmann als Assessor Zu selbigen Zeiten war dieses Landgericht üblich, und wurden dabey Streithändel von verschiedenen gegenwärtigen Landständen, die ihr Votum abzugeben haben, decidirt, und abgethan. Dazumal sassen dabey Wolf von Bertolzhofen auf Berkheim, Edenhard und Traidendorf, Wilhelm von Gutenberg auf Frenberg; Hanns Christoph von Leikaw auf Mandorferbuch, Philipp Erlbeck zu Stritzhausen, Hanns Wilhelm Nußwurm zu Haselbach, Altmann zu Lenafeld, Cronacher zu Dieselsdorf, Ludwig von Scharfenberg auf Neustadt, Pfleger zu Vielenhofen, Hausner zu Winnbuch, Hanns von Rothhaft auf Bernardwald, Hanns Christoph von Laufkirchen auf Raber, Wilhelm Neumayer zu Eltmansdorf, Veit Philipp Holzschuher zu Steinberg, Hanns Georg Knorr von Schmidtmühlen auf Pilsheim, Philipp Balthasar von Drechsel auf Wischenhofen. — —

Anno 1641 im Jenner von denselben abgebrannt, nachdem sie zuvor, und hernach die Kaiserlichen und Baierischen den 17ten Merz des nämlichen Jahrs wieder einnahmen. Merian pag. 56. Anh. pag. 7. Descript. Circul. Bavar. de Anno 1703. pag. 197.

Vermög eines Kaufbriefs de Anno Domini millesimo ducentesimo septuagesimo primo nono, Kalend. Maji. soll ein Kauf von dem Grafen von Muhra um alle ihre Güter zwischen der Stadt Schwandorf, Nabburg, Lengfeld, Amberg und Hirschau ꝛc. dahier vorgegangen seyn. Joseph Anton Aettenkhover in der Baierischen Geschichte pag. 190, 91 und 92 führet diesen Kauf ordentlich an. Ausserhalb der Stadt stehet ein großes Gebäu an der Naab. Es wurde anfänglich zu einem Landschaftlichen weissen Bräuhaus, nachgehends aber zu einer Leder-Fabrik verwendet. Dermalen steht es leer, könnte aber zu einer Caserne, oder Bewohnung für die Soldaten gebraucht werden.

Unweit davon auf einem Berg, so der Kreutzberg genennt wird, ist eine schöne und große Kirche zu Ehren der heiligen Dreyfaltigkeit erbauet, vorhanden, wobey eine Bruderschaft des heiligen Johann von Nepomuck befindlich ist. Etwa eine Viertelstund von Burglengenfeld liegt Wellurth in eben der Pfarrey Burglengenfeld an der Landstrasse, wo sonst die Bewohnung des Obrist-Forstmeisters auf dem Nordgau samt dem Zeugstadel ist, obschon dabey einzelne Bauernhäuser sich befinden. Nunmehr ist es von einem Forster bewohnet. (*) Unweit davon bey dem Dorf Saltendorf, worinn eine schöne Kirche, und dabey eine große Wallfahrt zu Ehren der Mutter Gottes sich befindet, findet man den berühmten Winzelstein, welcher, wenn er

ein

(*) Wie es heißt, so sollen allda Fürsten und vornehme Herren, wenn sie sich schwer versehlet hatten, im Arrest aufbehalten worden seyn.

ein wenig gerieben wird, einen starken und Terpentingeruch von sich giebt, und Menschen und Vieh in vielen Umständen heilsam ist. Diese Stadt hat zwar viele Felder, allein der Boden ist nicht gar gut. Sie hat auch etwas weniges von Holzwachs. Ungefehr eine halbe Stund von Burglengenfeld liegt Bremberg, ein kleines Dorf an der Naab, allda ließ Karl der Große Anno 805 eine Zollstadt aufrichten, wie aus dem Capitulari VII. Caroli M. de Anno 805 abzunehmen ist, welches also lautet.

De Negotiatoribus quousque procedant.

De Negotiatoribus, qui Partibus Slavorum, & Avarorum pergunt, quousque procedere debeant, id est Partibus Saxoniæ, usque ad Bardenwich, ubi prævideat Hredi, & ad Scheßa, ubi prævideat Magdagolz; ad Magdoburg prævideat Halto. Ad Erpisfurt prævideat Madalgaudus, ad Foracheim, ad Bremberg, ad Ragenisburg Audulfus, & ad Lauriacum Warnarius &c. — —

Obschon einige dafür halten, es werde unter diesem Bremberg die dermalige Reichsstadt Nürnberg verstanden, so glaube ich jedoch, daß dieses Bremberg das nämliche unweit Burglengenfeld an der Naab liegende Weiler Bremberg sey; maßen leichter zu erachten und zu schlüssen, daß die Kaufmannsgüter von Forchheim über Hersbruck dorthin, und allda zu Wasser bis Regensburg und Passau seyn gebracht worden. Das mehrere siehe bey Johann von Falkenstein Antiquit. Nordgav. P. 2. C. 11. pag. 415 und 416.

Münchshofen.

Eine Hofmark, mit einem schönen und großen Schloß in dem Bisthum Regensburg, dem Nordgau, der Pfarrey Wiffersdorf, und dem Landrichter-Amt Burglengenfeld etwan eine Stund davon an der Naab, worüber ein Fußsteig gehet. Das Schloß liegt auf einer Anhöhe, wo sich ein angenehmer Prospect zeiget. Der dermalige Besitzer Joseph Bachner von Eggensdorf, Chur-Pfälzischer wirklicher geheimer Rath, und Innhaber der Hofmarken Wischenhofen, Ober- und Unter-Frauendorf, dann Schrotzhofen, ließ noch nicht lang eine schöne Kirche zu Ehren des heiligen Kreutzes erbauen, und der damalige Abilensische Bischof und Suffraganeus, dann Dom-Dechant zu Regensburg Adam Ernest Bernclau von Schönreith auf Lemershof, consecrirte sie feyerlichst. Das altadeliche Geschlecht der Mönchen, der von Goldacker und von Thumberg besassen diese Hofmark auch. In dem zu Augsburg Anno 1711 im Druck erschienenen Werk betitelt: Hochgeehrtes Augsburg: siehet man p. 415 daß ein Stättner zu Münchshofen den Pfalzgrafen Philipp Wilhelm zu der darinn gehaltenen Kaiserswahl in der Würde eines Kammerers begleitet habe.

Diese Hofmark hat guten Getreidboden, viele Wiesen und Weyher, und etwas von Holzwachs.

Nabeck.

Eine Hofmark in dem Bisthum Regensburg, dem Nordgau, der Pfarrey Wiffersdorf, und dem Landrichter-Amt Burglengenfeld zwey Stund davon; es ist dabey ein Schloß und Bräuhaus, hat guten Getreidboden, Wiesen und Gehölz, dann eine Schäferey.

Die

Die alten Familien von Wolf, von Tauffkirchen und von Spielberg waren davon Besitzer. Der dermalige Innhaber ist Johann Peter von Oberling auf Mitterstadt, genannt Spielberg, Fürstlicher und Bischöflich-Passauischer Hauptmann.

Ettmannsdorf.

Eine Hofmark mit einem großen und schönen Schloß in dem Bisthum Regensburg, dem Nordgau, der Pfarrey Schwandorf, und dem Landrichter-Amt Burglengenfeld etwan eine Viertelstund von der Stadt Schwandorf. Dabey ist ein großer und schöner Garten, und hat auch einen Eisenhammer und Ziegelhütten, und die Kirche dabey ist eine Filialkirche zu der Pfarrey Schwandorf. Der Getreidboden ist dabey ziemlich gut, hat viele Wiesen und Holzwachs. Wilhelm Neumayer war Anno 1604 davon Besitzer, ingleichen die altadeliche Familie derer von Ruswurm. Der dermalige Besitzer ist Maximilian Karl Freyherr von Spirink, auf Haslbach und Fronberg ꝛc. Ritter des Churpfälzischen Löwen-Ordens, und Neuburgischer geheimer Rath.

Haslbach.

Eine Hofmark in dem Bisthum Regensburg, dem Nordgau, der Pfarrey Schwandorf, und dem Landrichter-Amt Burglengenfeld an den Gränzen der obern Pfalz. Es hat ein Bräuhaus, und nebst dem Holzwachs auch guten Feldbau. Die Kirche dabey ist eine Filialkirche zu der Pfarrey Schwandorf. Die alte Familie von Ruswurm besaß es viele Jahre. Der nunmehrige Besitzer davon ist Maximilian Karl Freyherr von Spirink. (*)

(*) Siehe Hofmark Ettmannsdorf.

Fronberg.

Eine Herrschaft in dem Bisthum Regensburg, dem Nordgau, der Pfarrey Schwandorf, und dem Landrichter-Amt Burglengenfeld an den Gränzen der obern Pfalz, und an einem Arm oder Ausfluß der Naabe, woran ein Eisenhammer, Papiermühle und Getreidmühlen stehen. Es hat ein großes und schönes Schloß mit einem weitschichtigen Garten, worinn dermalen artige Sommerhäuser stehen. Neben dem ist ein Bräuhaus dabey. Die Schweitzerey, wo man nämlich Käß machte, ist aber dermalen abgethan. Diese Herrschaft gaudiret die hohe Jurisdiction und die Jagd, hat sehr vieles Gehölz und mittelmäßigen Getreidboden, auch viele Weyher und Wiesen. Im Schloß ist eine Kirche, und ausserhalb dem Dorf stehet auch eine kleine Kirche mit einem Gottesacker. Unweit davon ist der Herrschaftliche Ziegelstadel. Eine besondere Familie derer von Fronberg soll davon Anno 1283 Besitzer gewesen seyn, wie man in einem alten Kaufbrief von dem Landgrafen zu Leuchtenberg, zu Nabburg im nämlichen Jahre errichtet, einem Conrad von Fronberg, liest. Joseph Anton Aettenkhover Geschichte der Herzoge in Bayern n. 22. pag. 196. Hans Kraft von Vestenberg, Kammer-Rath, Land-Marschall und Landschafts-Commissarius zu Neuburg war Anno 1559 auch davon Besitzer. Wilhelm von Gutenberg war davon Besitzer im Jahre 1604, zu der Zeit des zu Burglengenfeld und Callmunz gehaltenen Landgerichts, und die Altadelichen von Zettwitz und von Spirink besassen es ebenfalls. Der dermalige Innhaber ist Maximilian Karl Freyherr von Spirink. (*)

Schwandorf.

Eine feine Stadt im Bisthum Regensburg, dem Nordgau, eben auch in der Pfarrey Schwandorf, und dessen Pflegamt an der Naabe,

(*) Siehe Hofmark Ettmannsdorf.

Naabe, worüber eine Brücke gehet, liegt an einer sehr angenehmen Gegend. Die Landstrasse nach der obern Pfalz und Böhmen gehet hier durch. Es hat allda eine Haupt- und Gränz-Mauth. Die Pfarrkirche ist ein grosses Gebäu. Den alldasigen Pfarrer präsentirt das Domkapitel zu Regensburg, welcher des bemeldten Hochstifts Kastner ist. Das alldasige Spital haben drey Bürger und Brüder von hier, benanntlich Vogler gestiftet, und der Pfalzgraf Philipp Wilhelm half auch getreulich mit, wo für ihm am Tag nach dem heiligen Dreyfaltigkeits-Sonntag jährlich eine heilige Meß gelesen wird. Die Einkünfte von diesem Spital bestehen in Gülten, Zehenden, Weyhern, Holzwachs und Feldbau. Dabey ist auch eine Kirche mit einem Beneficiaten, welchen obbemeldtes Spital präsentirt.

Das Capuciner-Kloster, welches in der Vorstadt ist, wurde Anno 1685 erbauet, die Kirche aber den 5ten Julii Anno 1693 consecriret. (*) Diese ehrwürdigen Väter sollen Anno 1671 schon da-hier

(*) Es waren dabey im Namen des Herzogs und Pfalzgrafens Johann Friederich von Kreith auf Guttenecg, Pfalz-Neuburgischer geheimer Rath und Hofraths-Präsident zu Neuburg, dann Wenzel Peter von Ausmurm, auf Ettmannsdorf und Haslbach, Pfleger zu Pemau, und Heinrich von Quentel, Pfleger der Orten gegenwärtig, ingleichen war dabey als Fürstl. Bischöflicher Commissarius Wolfgang Christoph Mayer, Pfarrer zu Schwandorf, und Dechant, dann der Bischöfliche Ceremonarius, nebst etwelchen herumliegenden Pfarrern, und Benediktinern aus dem Kloster Ensdorf, und die vier Bürgermeister, benanntlich: Johann Schreger, Johann Dreer, Philipp Jacob Harpf und Jacob Strobel, die innere Rathsherren aber waren Wolfgang Dreer, Johann Hillebrand, Wolfgang Melbinger, Johann Martin Friesch, Balthasar Berger, Jacob Mayenbecher, Johann Conrad Gran, Elias Teuscher, samt dem Johann Georg Husch, Stadtschreiber allda.

hier im Beneficiaten-Haus gewohnt haben. Das Kloster wurde aus verschiedenen Allmosen erbauet, und die Freyherrl. Spiekalische Familie waren auch grofe Guttthäter. Die Bürger schenkten hierzu den Platz. Schwandorf, hieß ansonst Schwenkdorf, Schwaikdorf, und war im Jahre 1271 ein Dorf, wie Joseph Anton Aettenkhover in seiner Geschichte der Herzoge in Baiern pag. 190 in dem dabey angeführten Kaufbrief von den Grafen von Muhra über ihre Güter ꝛc. anführet. (*) Es muß aber nachgehends ein Markt geworden seyn, welches aus der zwischen Herzog Ruprecht und Rudolph, dann den Söhnen des Pfalzgrafens und Herzogens in Baiern, und zwischen dem Kaiser Ludwig, und dessen Söhnen Ludwig Markgrafen zu Brandenburg, und Stephan Pfalzgrafen und Herzogen in Baiern, Anno 1329 am Freytag vor St. Oswald errichtete Theilbrief beweiset. Anton Aettenkhovers Geschichte der Herzoge in Baiern pag. 224. Durch eben diese Theilung kam es an Baiern, wo es bis auf Jahr 1505 dabey verblieb, in bemeldtem Jahre aber an das hohe Pfalz-Neuburgische Haus gelangte. Der im Schwedischen Krieg berühmte General Hanns von der Werth, (**) sonst von unadelichen Eltern in dem Städtlein Werth bey Lüttich gebohren, celebrirte dahier seine Hochzeit mit einer Gräfin von Sparr, und gab dem Volk einen auf dem Markt gebratenen Ochsen zum Preiß, auf dem Rathhaus werden noch bis dato die Kandeln aufbehalten, woraus man den Wein getrunken hat. Dieß geschah Anno 1634. P. Odillo Schreger, Ord. S. Bened. P. I. pag. 98.

Casi-

(*) Vor Zeiten soll allda nur ein Hof, wo jetzt das Schwanen-Wirthshaus ist, samt etwelchen kleinen Häusern gewesen seyn, und zu Bakersdorf, einem Dorf, ihre Pfarrkirche sich befunden haben.

(**) Dieser berühmte General starb an einem hitzigen Fieber auf seiner Herrschaft Brauneck in Böhmen. P. Odillo Schreger, Ord. S. Bened.

Caßmir Reis, eines armen Nagelschmieds Sohn, welcher zuvor zu Donauwörth in Baiern Pfarrer und Dechant war, nachgehends aber General-Vicarius und Weihbischof wurde, stiftete dahier eine Frühmesse, dann drey Stipendia für seine nächste Befreundte aus Schwandorf. Er hatte noch zwey Brüder, wovon einer Reichs-Prälat zu Kaisersheim, der andere aber Prälat zum heiligen Kreutz in Donauwörth wurde.

Uebrigens erzog diese Stadt schon viele dergleichen berühmte Männer. (*) Sie wurde durch den aus der Stadt Neuburg anher gesandten P. Seibold Anno 1622 zum katholischen Glauben wieder gebracht. Die Schwedischen Trouppen lagen drey Tage vor der Stadt, konnten sie aber nicht erobern. P. Odillo Schreger, Ord. S. Bened. P. 1. pag. 98. und P. 2. pag. 477 und 478. Anno 1641 legten sich selbige wieder dafür, und nahmen sie auch ein. Merian pag. 100. Etwan eine halbe Stund davon soll Loibrigus, ein Sohn des Grafen Babo von Abensperg liegen. P. Odillo Schreger cit. Part. & pag. Merian pag. 110. Aventin Baierische Chronik tab. 29. Derselbe soll theils dahier, theils auf der langen Meil nach dem Zeugniß Merians und Aventins, dann des Odillo Schregers gewohnet haben. Merian und Aventin nennen ihn einen Heiligen. Nunmehr ist eine Einsiedlerey samt einem Kirchlein da. Die Herrschaft Fronberg ernennet dabey den Eremiten. Durch diese Stadt wurde der bekannte Herzog Friederich von Oesterreich, nachdem er vom Ludwig Bavar überwunden, und gefangen worden, nach Trausnitz (**) in der obern Pfalz geliefert.

(*) P. Hermann S. J. wurde Provincial, und Reinbold Erzdechant zu Chamb, dann jetziger Prälat zu Weissenohe ist auch ein Schwandorfer.

(**) Dieses ist ein altes Schloß, sonst Trausnitz im Thal genennt, und gehört dermalen dem Freyherrn Ludwig von Karg zu Bebenburg.

liefert. P. Odillo Schroger pag. 90. Das auf dem etwan eine Viertelstund davon stehenden Kreutzberg befindliche wundervolleste Gnadenbild schenkte Matthias Schmidt, Pfarrer zu Schwandorf, nachgehends aber Erz-Dechant zu Chamb, auf vieles Bitten dem alldasigen bürgerlichen Magistrat, welcher es hernach in das zuvor des
Orten befindliche St. Michaels-Kirche gethan. Vor Zeiten soll
dieser Kreutzberg der St. Michaelsberg geheißen haben. Ehe und
bevor aber diese St. Michaels-Kirche erbauet wurde, soll er der
Galgenberg, wegen des darauf gestandenen Galgens genennet worden seyn.

Man will auch behaupten, daß vor Zeiten auf einem allda
gewesenen Schlößel eine gewiße Fräulein von Spielberg gewohnet
habe. Wie dann in dasiger Gegend noch etwelche Weyher (die
Spielberger Weyher genannt) vorhanden sind. (*) Auf diesem
Berg nahe an der Kirche steht ein Hospitium der Capuciner mit etwelchen Vätern und einem Bruder. Dieses wurde Anno 1738
durch die fromme Hülfe der Bürger erbauet, (**) zuvor wohnten
sie in einem unweit davon stehenden Meßner-Haus. Ein andächtiges
Fräulein, zu Schwarzenfeld dazumal sich aufhaltend, soll 3000 Gulden
(um es ad causas pias zu verwenden) geschenket haben, wovon das
Gotteshaus erweitert wurde. Bey diesem wunderreichen Gnadenbild
finden sich viele Wallfahrter zum öftern ein. (***) Auf diesem Berge
                                                                steht

(*) Die Gutthäter, welche zur Erbauung getreulich halfen, sind
auf der Kanzel der Kirche in einem Stein eingehauen zu lesen.

(**) Der damalige eifrige Seelsorger Wild, that das mehreste
hierzu.

(***) In diesem laufenden Jahre begieng man dabey feyerlichst das
Säculum, seitdem diese berühmte Wallfahrt entstanden, und
diese schöne Kirche, die aber wieder erweitert wird, erbauet
worden.

steht das Auge allenthalben weit und breit aus. In dieser Stadt bräuet man gutes braunes Bier, und dabey sind gute Keller.

Steinberg.

Eine Hofmark in dem Bisthum Regensburg, dem Nordgau, in der Pfarrey Wackersdorf, und dem Landrichter-Amt Burglengenfeld, mit einem Schloß und Kirche, welches eine Filial zu der Pfarrey Wackersdorf ist. Das alldasige Beneficium, welches der ehemals gewesene Churpfälzische geheime Rath, Kämmerer, und Ober-Appellations-Präsident Freyherr von Reisach stiftete, hat der Besitzer der Hofmark zu vergeben. Die Holzschuher, und die von Leoprechting besaßen es viele Jahre, nunmehro besitzet es Christoph Freyherr von Reisach auf Kirchdorf, Neuburgischer geheimer Rath, Kämmerer, und zweyter Landschafts-Commissarius zu Neuburg. Diese Hofmark hat einen schönen Holzwachs, viele Weyher und Wiesen, der Grund dabey aber ist ziemlich sandig.

Luzmanstein.

Eine Herrschaft in dem Bisthum Eichstätt, dem Nordgau, in der Pfarrey Luzmanstein, und dem Landrichter-Amt Burglengenfeld. Sie hat ein wohlgebautes Schloß mit einem Bräuhaus, dann eine Kirche, den dasigen Pfarrer präsentirt der Innhaber dieser Herrschaft. Nicht weit vom jetzigen Schloß steht auf einem Berg das alte Schloß, worinn die Herren dieser Herrschaft vor Zeiten wohnten. Sie hieß sonst Leutmanstein, Leuzmanstein, und soll dieser Ort von Leuzmann, dem Besitzer davon, den Namen Leuzmanstein am ersten erhalten haben, wie man dann in Joseph Anton Aettenkhovers

khovers Geschichte der Herzoge aus Baiern Albert Leizmann in verschiedenen Urkunden als Gezeugen Anno 1266, und mehrere Jahre darnach pag. 173 antrift, er wird pag. 179 Albert Linzmann genennet, siehe auch davon bemeldten Aettenkhover pag. 181 und pag. 189, wo derselbe einen Brief über die Grafen von Hohenburg auf dem Nordgau anführet, aus welchem ersichtlich ist, daß Albert Luzmann einige Lehne von dem Stift Bamberg müsse gehabt haben. Wie aus dem oben bey der Stadt Schwandorf angeführten Theilbrief von Anno 1329, welchen Anton Aettenkhover in seiner Baierischen Geschichte der Herzoge in Baiern pag. 224 anführet, zu entnehmen ist, so kam Leuzmanstein ebenfalls im obbesagten Jahr an Baiern. Nunmehro ist es ein Mannslehen. Karl Philipp, und Friedrich Freyherren von Gise, Gebrüdere, besitzen es dermal. Diese Familie ist davon schon eine geraume Zeit Besitzer. Der Oberste Voit, ein gebohrner Nürnberger, hatte es zwar eine Zeitlang im Besitz, und that daraus großen Schaden; im April Anno 1633 aber wurde er von dem Pfleger des Schlosses, seinem eigenen Diener, durch einen Schuß am Arm verwundet, überwältiget, und so lang im Verhaft behalten, bis der Stadt Nürnbergische Hauptmann Imhoff mit 30 Dragonern und 20 Reitern sich des Schlosses bemächtiget, auch gedachten Obersten vollends umgebracht hat. Die Kaiserliche beschoßen selbiges zu Ausgang des Weinmonats unter Anführung des Obersten von Mannteufel, und bekamen es mit Accord, nahmen die Knechte gefangen, und ließen des Obersten Diener darinn spiessen. Merian pag. 44. item Anh. pag. 21 und 22. Bogisl. Philipp von Chemnitz. P. 2. vom Schwedischen Krieg L. 1. fol. 124. Die von Seckendorf, und die Zinken zu Kleth, dann die Stiber von Puttenheim besaßen diese Hofmark auch, wie dann Georg Heinrich Stiber von Puttenheim zu Luzmannstein den Pfalzgrafen Philipp Ludwig nach Augsburg zu dem allda Anno 1582 gehaltenen Reichstag begleitete. Peter Fleischmann zu Frankendorf Descript. sothan. Reichstags pag. 68. Diese

Herr-

Herrschaft ist mit hoher Jurisdiction und großer Jagdbarkeit versehen. Obschon es herum viele Steinklippen giebt, so wächst doch dabey gutes Getreid.

Velburg.

Ein Städtgen in dem Bisthum Eichstätt, dem Nordgau, eben in der Pfarrey Velburg, nächst dem kleinen Fluß Laaber. Es ist eine schöne Pfarrkirche allda. Den Pfarrer präsentirt der burgerliche Magistrat des Ortes. Einen zeitigen Beneficiaten aber präsentirt der Fürst und Bischof zu Eichstätt, dann der burgerliche Magistrat daselbst. Auf dem Berg stehet das alte Schloß, welches aber dermalen ganz zerfallen ist. In der zu Pavia Anno 1329 bekanntermassen gemachten Vertheilung kam es an Baiern, wo es dazumal ein Mark gewesen. Joseph Anton Aettenkhovers Geschichte der Herzoge in Baiern pag. 224. Nachgehends muß dieses die Wisbeckische Familie erhalten haben. Denn, wie Merian pag. 107 und auch 45 meldet, so war Velburg ein Pfalz-Neuburgisches Lehen, und ist der letzte Besitzer davon Hector Wisbeck den 27ten September im Jahre 1574 am nämlichen Tage, an welchem Philipp Ludwig Pfalzgraf mit Anna Herzogin von Jülich Hochzeit hielt, ohne Erben verstorben.

Anno 1634 hat der Hauptmann, so mit 50 Musquetieren zu Velburg, denen von Amberg, da sie mit zwey Stücken und etwelchem Volke davor ruckten, großen Schaden gethan, welches der Stadt Nürnberg nicht wohl zu statten kam, wie D. Chemnitz P. 2. vom Schwedischen Krieg berichtet. In dieser Gegend ist schöner Feldbau und Wieswachs.

Gundelfingen.

Eine Stadt in dem Bisthum Augsburg, in der Pfarrey Gundelfingen an der Brenj, mit einem Schloß an einer sehr angenehmen Gegend. Es wohnet auch allda der Pfleger. Die Burg, oder Schloß soll der von Schwaningen erbauet haben. Joseph Anton Aettenkhovers Geschichte der Herjoge in Baiern pag. 267. Es wird zweifelsohne mit noch andern Städten und Oertern durch Herzog Welfen, oder durch den letzten Herzog in Schwaben Conrad an Baiern gekommen seyn. Vor Zeiten haben es vornehme Herren von Gundelfingen innen gehabt, deren Schloß in Ober-Schwaben war, so aber jetzt darnieder liegt; (*) Ihre Herrschaft kam sodann an die Grafen von Helfenstein, nachgehends aber an die Fürsten von Fürstenberg. Anno 1329, wo die bekannte Vertheilung der Länder zwischen Chur-Pfalz und Baiern geschah, erhielt selbiges Baiern wieder.

Es soll einsmals dem Herjog Friederich von Teeck gehöret haben, welcher allda eine Messe oder Beneficium gestiftet. Als Graf Ulrich von Würtenberg, Eberhard des Greiners Sohn, Kaiser Ludwig des vierten Tochter Elisabeth geheurathet, soll er ihm diese Stadt und Zugehör für einen Theil des Heurathguts auf Wiederlösung versetzet haben, aber Anno 1449 wurde es wieder Baierisch, (**) wie Crusius Part. 3 pag. 268 in seiner Schwäbischen Chronik schreibt.

Im

(*) Davon siehe Merian pag. 24. Item Topograph. Francon. pag. 61. Item Topograph. Suevic. pag. 47. wo derselbe von diesem Geschlechte etwelche anführt, mehr siehe Joseph Anton Aetthenkhovers Geschichte der Herjoge in Baiern pag. 173.

(**) Johann Herwert Haid in seiner Baierischen Geschichte von Otto dem ersten 1180 biß 1778 sagt pag. 97, daß der Pfandschilling in 7000 Gulden bestanden.

Im Jahre 1705 ist diese Stadt an das hohe Pfalz-Neuburgische Haus gekommen. Von dessen Manns Ursprung siehe Jacob Schopper in Chorogr. Germaniæ pag. 188. Vom Kaiser Ludwig ist diese Stadt wegen männlichen und wackern Thaten mit dem Bayerischen Wappen beschenket worden, sonst führt diese das Zeichen eines aufrechten Löwens, der einen hohen Tannenbaum mit der Tatze ergreift, um anzuzeigen, daß der Gundelfinger Starkmüthigkeit so groß, daß sie einem Löwen zu vergleichen, und einen Baum samt der Wurzel aus der Erde heben möchte, siehe Caspar. Manzius Gundelfingensis im Wiederhall wider D. Pflaumer pag. penultim. Merian Topogr. Palat. Bav. pag. 32. Vor diese Stadt legte sich Markgraf Albrecht von Brandenburg Anno 1462, mußte aber wieder abweichen, und der Herzog Ludwig von Ingolstadt siegte ob, welches Aventin in seiner Baierischen Chronik Lib. 8. pag. 531. gar schön beschreibet. Sie hat eine schöne Pfarrkirche. Den Pfarrer präsentirt die Landesherrschaft. Der Getreidboden ist dabey sehr gut, wie auch die Wiesen. Es soll samt dem Schloß ein Reichslehen seyn. Lünig. Corp. Jur. Feudal. tom. 1. pag. 665. seqq. dict. Moser Cap. 12. §. 9. pag. 618.

Echobrunn.

Dermalen eine Hofmark, mit einem Schloß, in dem Bisthum Augsburg, eben in der Pfarrey Echobrunn, und dem Pflegamt Gundelfingen, gar nicht weit von dieser Stadt, zwischen der Donau und Brenz. Dieses Eichenbrunn, gleichsam der Brunn bey der Eichen gelegen, war vor Zeiten ein herrliches Mannskloster Ord. S. Bened. und wurde von Gumbert, Herrn zu Fachberg und Faimingen, und seinem Sohn Cuno, gestiftet, und erbauet, da eben Callistus der zweyte Pabst war, von welchem es auch Anno 1122 confirmirt und bestätiget wurde. Von dessen Fundation Caspar.

Brufchius Chronolog. Monafter. Germ. pag. 162 und 163, folgende Verse, so in der Kirche allda zu lesen waren, in lateinischer Sprache anführet.

> Gumbertus miles generosus, frater & ejus
>   Chuno pius, sacram hanc constituere domum,
> Cujus Chuno Abbas primus fuit, optimus Heros,
>   Militia, & generis nobilitate potens.
> Hoc te Martinus Bucolinus, candidus Abbas,
>   Scire etiam volui, Lector amice, vale.
> Vive, Patremque Deum pro nobis omnibus ora,
>   Ut donet famulis tempora fausta suis.
> Omnibus hoc vobis etiam promittimus ipsi,
>   Servimus Domino, qui sine fine, Deo.

Besondere Guttthäter dieses Klosters soll das Geschlecht der Fetzer von Ofenhusen gewesen seyn, welche auch ihre Begräbniß allda hatten, wovon Wilhelm Fetzer das ewige Licht dabey soll gestiftet haben, von welchem Caspar Brusch ein schönes Epigramma gemacht, welches er pag. 163 ansetzet.

> Perpetuum dedit hunc ignem celeberrimus Heros,
>   Nomine Felzerus, qui Gulielmus erat.
> Cujus prima fuit Conjux prænobilis Anna
>   Niferianæ ingens gloria lausque domus,
> Altera Anastasis, Altheimæ pia gloria gentis,
>   Quas Deus in placida Pace cubare sinat.

Nachfolgende Aebte führet bemeldter Caspar Brusch pag. 163 und 164 an.

1) Chuno von Fachberg, der das Kloster gestiftet.

2) Godebald hat die Confirmation des Klosters vom Pabst Callisto dem II. Anno 1122, in welchem es auch das Kloster Kaisersheim, Ord. S. Bernard. empfangen, erhalten. Er soll noch im 1135sten Jahr regiert haben.

3) Gebo.

4) Jdulph.

5) Conrad.

6) Gering.

7) Leonhard.

8) Hermann.

9) Udalrich.

10) Hartmann.

11) Albert.

12) Heinrich.

13) Johann.

14) Walther.

15) Wilhelm Rant-

16)

16) Ulrich Lekerlin, welcher die Kirchenstühle Anno 1468 machen, und das abgebrannte Kloster aus eignen Mitteln erbauen ließ, kam endlich nach Anhausen in das Kloster, nachdem er seine Würde dem dasigen Abt Martin vertauschet.

17) Martin, starb aber im Jahre 1487 den zweyten Junii.

18) Johann Koch, wurde anhero vom Kloster Blaubaiern postulirt, er war ein sehr gelehrter Mann, resignirte Anno 1499, und starb Anno 1517.

19) Rudolph Hamaxurgus, (*) ein Würtenberger, wurde von dem Kloster Anhaus postulirt, und Anno 1499 als Administrator gesetzet, Anno 1517 aber als Abt erwählt, regierte als Administrator 18, und als Abt ebenfalls 18 Jahr. Er war ein galanter Abt, und guter Wirth, auch von allen Fürsten in der Nachbarschaft geliebt.

20) Wilhelm Fuchs, aus Dillingen, wurde von dem Kloster Heil. Kreuz in Donauwörth Anno 1536 postulirt und eligirt, regierte löblich 10 Jahre, starb zu Regensburg am St. Antoni-Fest, und wurde zu St. Emmeram im Kloster begraben. Er war auch ein guter Wirth. Nach seinem Tode hatte das Kloster ein ganzes Jahr keinen Abt.

21) Martin Buccolin, von Wertingen, wurde den 9ten Merz Anno 1547 (**) erwählt, da er nur 28 Jahr alt war, regierte sehr löblich.

(*) Münster in seiner Cosmograph. pag. dcccylvy nennet ihn Rudolph Wagner.

(**) Münster in seiner Cosmograph. setzt pag. dcccylvy das 1546te Jahr seiner Erzählung an.

löblich. Crusius Annal. Suev, P. 2. Lib. 9. C. 8. Es berichtet Carolus Stengelius P. 2. C. 67. Rer. August. daß der Pfalzgraf zu Neuburg (nämlich Otto Heinrich) dieses Kloster eingenommen, die Mönche verjagt, und die Kirche verbrannt hätte, welches aber nicht wohl zu glauben ist. Es setzet gleichwohl Christoph Hutter in seiner Geographia Germaniæ im Jahre 1215 das Kloster Echenbrunn vielleicht der Lage halber an, wo es nämlich gestanden seyn mag. Gabriel Buccellinus in Germania sacra schreibt also: Cæterum ad alienos usus Monasterium versum est, cum Religio in illis partibus mutaretur. Peter von Ickstadt, Churbaierischer Hofrath und Professor Juris Publici zu Ingolstadt führt besagtes Echobrunn in seiner gelehrten Differtation de Jure Cæsareo primarum Precum von Anno 1765 an, wo er sagt, daß ein sicherer Strutmon von Augsburg, vom Kaiser Ludwig dem Bater die primas Preces in das Kloster Echobrunn erhalten habe, und lauten dessen Worte §. 54. pag. 61. also:

Abbati, & Conventui Monasterii in Echobronne prope Gondelving Augustanæ Diœces. pro Ulrico filio Strutmon Civis Augustens. pro Monachatu.

Uebrigens kann davon Merians Topograph. Palat. Bav. pag. 16 nachgelesen werden. P. Gusl. Ord. S. Bened. sagt in seiner so betitelten Defensione Jur. Ecclesiast. circa temporalia pag. 112., (*) daß dieses Kloster Echobrunn ebenfalls sæcularisirt worden, wie dann dieses Schicksal mehr dergleichen Klöster erdulten mußten. Den Pfarrer allda präsentirt das Seminarium Literatorum ad S. Crucem in Neuburg. Es ist diesem Seminario, dem es von dem Pfalzgrafen Wolfgang Wilhelm einverleibt wurde, zuständig. Der Getreidboden dabey ist sehr gut.

(*) Dabey sagt er, daß es dem Collegium zu Dillingen wäre restituiret worden.

Höchstätt.

Eine Stadt in dem Bisthum Augsburg, dem Landvogt-Amt gleiches Namens an der Eisch, wo der kleine Fluß Egweid hineinfällt, eine Stund von Dillingen, und drey Stund von Donauwörth. Es hat ein mit einem Wassergraben umgebenes Schloß, worinn der Landvogtamts-Administrator dermalen wohnet. Diese Stadt ist des berühmten Johann Herolds Geburtsort, welcher dieses Orts Namen von der Römer höhern Lager herleitet. Hermann von Lützenburg hat wider Friederich von Hohenstaufen, den der Kaiser in seiner Abwesenheit zum Stadthalter setzte, dabey einen Sieg erhalten, und hernach Augsburg belagert; vielleicht aber ist es das Höchstätt in dem Stift Bamberg gewesen, davon die Geschichte selbiger Zeiten entscheiden müssen, glaubwürdiger aber war es das obbemeldte Höchstätt im Neuburgischen, weil man nachgehends Augsburg (wie oben angeführt) belagert hat. Merian pag. 44. Nachtr. pag. 21. Die Croaten hausten den 12ten und 22ten August Anno 1634 darinnen jämmerlich, und verschonten weder Weiber noch Kinder, welches in der Anno 1703 herausgegebenen Descriptione Circuli Bavarici pag. 199. & seqq. ausführlich beschrieben wird; mehr siehe davon die Frankfurter Relation de eodem Anno pag. 90 und 91. Ingleichen die Continuation des Meterans Historien L. 52. und des Grafens Pisaccioni L. 5. pag. 315. Bogislav. Philipp von Chemnitz von dem Schwedischen Kriege P. 2. L. 4. fol. 521.

Der berühmte P. Anselm. Desing, Ord. S. Bened. sagt P. I. pag. 143, daß dahier an der Donau bey Hohostein, vielleicht Höchstätt, Anno 1031 den 11ten August die Baiern mit den Schwaben für den Kaiser Heinrich sich tapfer schlugen, welche einen andern König, Hermann aus Lothringen aufwerfen wollten, wo Cuno, des

Pfalz-

Pfalzgrafen Cuno Sohn umkam. Maximilian Churfürst in Baiern überwand Anno 1703 in dieser Gegend den Kaiserlichen General Stirum. (*) Diese Stadt soll Herzog Ludwig in Baiern Anno 1266. (wie Pater Anselmus Desing, Ord. S. Bened P. 3. pag. 637 meldet) von Conradino Herzogen in Schwaben, wovon die Mutter eine Schwester des Herzog Ludwigs war, nachdem solche des Conradini Vater nebst noch andern Oertern um 1600 Unzen Gold zuvor verpfändete, Erbschaftsweis erhalten haben, und solches soll von dem Kaiser Rudolph dem I. bestättiget worden seyn. Davon siehe Aventins Baierische Chronik Lib. 6 und 7. fol. 369 und 379. Merian Histor. Palat. Bavar. pag. 8. Andreas Brunner aber meldet P. 3. Lib. 14. pag. 197 und seqq. in seinen Annal. Boic., daß es Herzog Ludwig, Vater des Herzogs Otto in Baiern, nebst noch andern Oertern anfänglich versetzet, hernach gedachter Herzog Conradinus in Schwaben dem Herzog Ludwig verkaufet habe.

In der Anno 1329 zu Pavia erwähntermaßen gemachten Länder-Vertheilung kam es wieder an Baiern. Joseph Anton Attenkhover Geschichte der Herzoge in Baiern pag. 223. Im Jahr 1505 erlangte es das hohe Pfalz-Neuburgische Haus. (**) Wegen diesem Hochstätt hat ein neuer Fürst und Bischof von Augsburg den Herzogen zu Neuburg vermög Anno 1622 errichteten Receß allzeit ein Präsent zu überreichen. Die Pfarrkirche ist wohl gebauet, den Pfarrer präsentirt die Landesherrschaft. Die PP. Capuciner aus der Tyroler Provinz haben ein schönes Hospitium allda, wo etwelche Patres und Brüder sind. Es ist auch in diesem Städtgen ein schönes

(*) Nachgehends aber wurde er im künftigen Jahr von den alliirten Trouppen geschlagen, siehe davon bey Blindheim pag. 112.

(**) Münster sagt in seiner Cosmographia P. 3. pag. DCCYC, daß dieses Städtgen auch die berühmte Grafen von Dillingen innen gehabt hätten.

schönes Spital, ad S. Spiritum genannt, welches gute Stiftungen hat, und wobey ein besonderer Verwalter ist. (*) Diese Stadt hat sehr guten Feldbau, und ist wegen der vielen Wiesen und schönen Viehzucht anzurühmen. Sie soll auch samt dem Landvogtamt ein Reichslehen seyn, und beym Lünig in seinem Corp. Jur. Feudal. tom. I. pag. 665. der erste Lehensbrief von Anno 1510 stehen. Mosers Einleitung in das Pfälzische Staatsrecht C. 12. §. 9. pag. 618.

Schweningen.

Eine Hofmark mit einem wohl erbauten Schloß in dem Bißthum Augsburg, dem Landvogtamt Höchstätt, eben dessen Pfarrey, unweit der Landstraßen etwan zwey Stunden von Dillingen. Ein Pfarrer befindet sich allda, welchen ein Innhaber dieser Hofmarks-Herrschaft präsentirt. Es hat guten Getreidboden und Wiesen. Die von Müller besaßen es lange Zeit. Der dermalige Besitzer ist von Gillardi, Regierungsrath zu Neuburg, und adjungirter Landvogtamts-Administrator zu Höchstätt.

Blindheim.

Eine Hofmark, mit einem alten Schlößel in dem Bißthum Augsburg, dem Landvogtamt Höchstätt, eben dessen Pfarrey, etwan eine Stund von Höchstätt. Den Pfarrer dabey präsentirt das Reichsstift Kaisersheim, Ord. S. Bernard. Die altadeliche Familie derer von Rechberg waren davon lange Zeit Besitzer. (**) Nunmehro

(*) Dabey ist auch ein Beneficiat.
(**) Die Pallofer, dann die Erlbecken von Sinningen Anno 1657. und die Pellofer hatten allda einen dritten Theil des lehenbaren
.leib-

mehro besitzet es von Gillardi. (*) Allda ist auch ein guter Getreid-boden. Nicht weit davon wurde der französische General nach der bey Höchstätt übel ausgefallenen Schlacht mit 12000 Franzosen gefangen. In diesem Dorf besitzet die Hofmarks-Herrschaft etwelche Hintersassen, die übrigen gehören zum Landvogtamt Höchstätt.

Unterlintzheim.

Eine Hofmark mit einem Schloß, in dem Bisthum Augsburg, dem Landvogtamt Höchstätt, und der Pfarrey Lutzheim, unweit davon. Dermalen ist diese dem Reichsstift zu St. Ulrich, Ord S. Bened. in Augsburg zuständig, welches einen Probst aus ihren Orden hat. (**) Vor Zeiten stunde ein Benediktiner-Kloster weiblichen Geschlechts allda. Frau Gutta von Werdenberg, Gemahlin des Grafen Adalberts von Dillingen soll solches gestiftet haben. Merian. Hister. Palat. Bav. pag. 44. Anh. pag. 21. Die erste Aebtissin soll die Mechtild, Gräfin von Andechs gewesen seyn. Mart. Crusius Annal. Suev. P. 2. Lib. 3. C. 11. Stengel setzet die Stiftung in das 1150te Jahr, Brusch aber Chronol. Monast. Germ. pag. 338 meldet, daß Adalbert Graf von Dillingen, zugleich Schutzherr des Klosters Neresheim, Anno 1151. solches gestiftet habe. Es ist dabey ein sehr guter Getreidwuchs.

P 3 Burk-

leibfälligen Hofes, wie Moser in seiner Einleitung in das Pfältische Staatsrecht Cap. 12. pag. 693 und 694 meldet.
(*) Siehe Hofmark Schweningen.
(**) Dermalen ist ein Probst allda.

Burkheim.

Ein ziemlich großer Markt in dem Bisthum Augsburg, eben dem Pflegamt gleiches Namens, etwan zwey Stund von Neuburg, an einer großen Landstraßen in das Schwabenland, und schöner Ebne. Es hat eine schöne Pfarrkirche. Den Pfarrer präsentirt das adeliche Nonnenkloster Ord. S. Bernard. zu Niederschönenfeld. Merian Histor. Palat. Bavar. sagt pag. 130 und 131, daß Siboto, Bischof zu Augsburg, das Kloster Niederschönenfeld Cisterzienser Ordens, aus dem Städtgen Burkheim an einen sehr lustigen Ort, wo der Lech in die Donau fällt, versetzet, und solches neues Kloster Schönfeld genennet habe. Augustin Sartor in seinem verteutschten Cistercium bis tertium sagt auch pag. 830. seqq. daß Berthold der zweyte dieses Namens, Graf von Lechsgmünd, mit seiner Gemahlin, einer Königin aus Cypern, anfänglich in der Stadt (jetzt aber Markt) Burkheim, allwo er wohnte, gegen die Mitte des 13 Säculi ein Nonnenkloster gestiftet, nachgehends aber daßelbe nach Schönfeld, jetzt Niederschönfeld, versetzet habe; Er beschreibt gar schön dabey den Anfang und die Ursach dieser Stiftung, mit dem Anhang, daß Judith, Truchseßin von Greisbach die andere Priorin (denn anfänglich waren noch keine Aebtissinnen) von diesem Kloster gewesen sey. — — Daher in diesem Markt sothanes Kloster vor Zeiten gestanden. Carol. Stengelius rer. August. Vindel. P. 2. C. 42. Dieser Markt wurde von dem Herzog Heinrich zu Landshut, und dem Grafen von Oettingen im Krieg wider Herzog Ludwig zu Ingolstadt eingenommen. Avent. Baierische Chronik Lib. 8. pag. 516. Zu der so bekannten Anno 1329 zu Pavia gemachten Vertheilung findet man diesen Markt nicht, wohl aber führt Joseph Ant. Aettenkhover in seiner Geschichte der Herzoge in Baiern pag. 266. diesen Markt an, und meldet dabey, daß Burkheim Ludwig Herzog in Baiern, dann Markgraf zu Brandenburg für ihm genommen habe. (*) Anno 1505 kam

(*) Derselbe soll nämlich zu der Graffschaft Greisbach gehört haben.

kam solches an das hohe Pfalz-Neuburgische Haus. Aventinus in Annal. Schyrenf. pag. 209. führt einen Berthold, Grafen von Burk-heim an, welcher Anno 1114 mithalf, die Kirche und das Kloster Ensenhofen, so aber nachgehends nach Scheiern, nach dem Zeugniß der Geschichte, Anno 1124 transferirt wurde, zu erbauen. (*) Einige nennen ihn Penichterum. Derselbe half auch getreulich zu Stiftung dieses Klosters, wie Conradus in Chronic. Schyr. pag. 18 und 19 an-führet.

Dieser Markt, nämlich fast der halbe Theil davon wurde vor wenig Jahren in die Asche geleget. Diese Gegend hat guten Boden, und viele Wiesen. In diesem Markt ist ein adelicher Rittersitz, die alte adeliche Familie von Kreitt soll ihn besessen haben. Dessen Besitzer ist dermalen Joseph von Silbermann, auch Pfleger allda. Uebri-gens ist dieser Markt durch die wachsamste Sorgfalt Karl Theodors, des gnädigsten Chur- und Landesfürstens schon fast ganz wieder er-bauet.

Straß.

Eine Hofmark mit einem Schloß, in dem Bisthum Augsburg, dem Landvogtamt Neuburg, eben der Pfarrey Straß, an der Land-strasse. Den Pfarrer allda präsentirt der burgerliche Magistrat zu Neuburg. Die Kirche ist wohl gebauet, und darinn liegen etwelche aus der nunmehr Gräflichen Familie von Kreitt, und etwelche derer von Silbermann. Diese alte Familie von Kreitt be-saß es lange Zeit. Nunmehro ist auch Besitzer davon Joseph von
Silber-

(*) Dazumal regierte Kaiser Heinrich. Conradus Chronic. Schyr. pag. 18.

Silbermann. (*) Jos. Ant. Aettenkhover in seiner Geschichte der Herzoge in Baiern führet einen Arnold von Straß an, der auch Straß innen gehabt hatte, weil bey alten Zeiten die Familien von den besessenen Gütern sich also nennten. (**) Der Getreidboden dabey ist mittelmäßig, hat aber schönen Holzwachs und viele Wiesen.

Sinningen.

Eine Hofmark, mit einem schönen Schloß und Garten, in dem Bisthum Augsburg, dem Landvogtamt Neuburg. Sie hat eine schöne Pfarrkirche, dem heiligen Nicolao eingeweihet. Den Pfarrer präsentirt der Hofmarks-Innhaber. In diesem Dorf ist eine Bräustatt, welche aber dem Bräuer eigenthümlich ist. Unweit davon auf einem Berg, ansonst der St. Wolfgangsberg benamset, stehet eine große Kirche, zu Ehren des heiligen Wolfgangs erbauet, dabey ist ein Beneficium, samt der Wohnung des Beneficiaten und des Meßners. Die alte Familie derer von Erlbeck hat es gestiftet. Ein sicherer von Gise, welcher zu Neuburg in der Pfarrkirche begraben liegt, soll solches in bessern Flor gebracht haben, und die theils durch den Schweden-Krieg, theils durch die Glaubensveränderung im Lande zu Boden geworfene Stiftung wieder erweitern lassen. Dieses Beneficium vergiebt der Innhaber dieser Hofmark. Die von Erlbeck und von Gise haben es viele Jahre besessen, wovon etwelche in der erst bemeldten St. Wolfgangs-Kirche ruhen. Die von Wevelb haben auch darinn ihre Begräbniß. Dermalen besitzet es Freyherr Christoph von Wevelb, Churpfälzischer Kammerer, und wirklicher Neuburgischer Hofkammer-Rath. Der Getreidboden ist allda sehr gut.

Thorn-

(*) Siehe Rittersitz Burkheim.
(**) Gutta von Straß war Aebtissin zu Niederschönfeld, wie Sarter in seinem Cistercium bis tertium pag. 833 berichtet.

Khornfels.

Eine Hofmark mit einem Schloß in dem Bisthum Augsburg, dem Landvogtamt Neuburg, und der Pfarrey gleiches Namens, etwan eine Stund von Neuburg, an der Landstrasse. Den Pfarrer dabey präsentirt der teutsche löbliche Orden. In dem Dorf ist ein Bräuhaus, welches dem Wirth daselbst angehörig ist. Die von Ramsbeck besassen es, wie dann Hanns Ernest Ramsbeck solches innen hatte. Dermalen ist dessen Besitzer Karl Maximilian Graf von Thurn und Taxis, Churpfälzischer Kammerer.

Seibolsdorf.

Eine Hofmark mit einem Schloß und Bräuhaus in dem Bisthum Augsburg, dem Landvogtamt Neuburg, eben dessen Pfarrey an den Baierischen Gränzen gegen das Mooß zu. Den Pfarrer präsentirt ein Innhaber dieser Hofmark. Die Freyherren von Weveld besassen solches. Nunmehr sind die Erben des Freyherrn von Högele Besitzere davon. Es hat guten Getreidboden und Wiesen.

Hilpoltstein.

Ein ziemlich feines Städtgen in dem Bisthum Eichstätt, eben dessen Pflegamt und Pfarrey, am kleinen Fluß Roth im Nordgau. Es hat ein Schloß dabey, welches samt der Herrschaft ihre eigene und berühmte Herren vor Zeiten bewohnet haben. Sie waren aus der Nachkommenschaft des Grafens Babo von Abensperg.

In der Pfarrkirche soll ein Hilpolt von Stein, welcher Margaretham von Seefeld zur Ehe hatte, begraben liegen, und dessen Wappen

Wappen von Messing einem Marmor eingepräget seyn, wie Wigul. Hund Metropol. Salisburg. schreibet. Sie nannten sich Herren von Stein, und wurde daher dieses Städtgen von einem, der sich Hilpolt schrieb, Hilpoltstein genennet.

Sie stammen ab von einem Erchambrecht, Grafen zu Biburg, einem Sohn des Grafens Babo von Abensperg. Johann von Falkenstein Antiquit. Nordgav. P. 2. C. 6. pag. 311. 312 und 313. Merian Histor. Palat. Bav. pag. 33. Aventin in seiner 28ten Tabell setzet einen ordentlichen Stammbaum davon bey. Joseph Anton Aettenkhover Geschichte der Herzoge in Baiern pag. 197. führet ebenfalls Otto und Ulrich von Stein an. Matthæus Raderus Vol. I. Bavar. Sanct. und citat. Merian sagt pag. 134., daß die heilige Bertha, Heinrichs zu Hilpoltstein Tochter, so Anno 1151 starb, mit ihrem Bruder Erbo und Otto Bischof zu Bamberg, das Kloster Biburg in Baiern, Benediktiner-Ordens, erbauet, und den heiligen Erhard, oder Eberhard, vorgesetzet habe. Aventinus Lib. 6. pag. 451. und bemeldter Aventin meldet pag. 457. von einem Rappolt der Düringer von Stein in der Abhandlung vom Kriege der Grafen von Bogen, und des böhmischen Herzogs Ottokar wider den Kaiser Heinrich, und macht dabey eine Erwähnung, daß der Herzog Ludwig in Baiern den Gottfried von Stein und Biburg wegen heimlich vom Feinde genommenen Geldes Anno 1195 enthaupten ließ. Avent. Tabell. 28. Heinrich von Stein war 1330 Bischof zu Regensburg. Cit. Aventin. Lib. 8. pag. 499. Aventin in seiner Baierischen Chronik Lib. 8. pag. 502 meldet, daß Pfalzgraf Ruprecht der ältere Hilpoltstein, Neuenstadt, Sulzbach ec. ec. um 32 tausend Mark löthigen Silbers dem Kaiser und König in Böhmen Karl IV. verkaufet habe, allein Pfalzgraf Ruprecht der jüngere, nachdem er nach dem Tode Kaisers Karl des IV. Kaiser wurde, hätte er es wieder ein, und zu sich genommen. Dieß geschah im 13ten Säculo. Dieses Städtgen wurde auch von dem

Markt

Markgrafen Friederich von Brandenburg im Kriege wider Herzog Ludwig von Barth zu Ingolstadt eingenommen. Avent. Lib. 8. pag. 516. Es behauptet Johann von Falkenstein Antiquit. Nordgav. P. 2. pag. 313., daß, wie man in einem Manuscript gefunden, Hilpolt von Stein Hilpoltstein an die Herzoge von Baiern im Jahre 1380 verkaufet habe, wo es in der Pabiischen Abtheilung an die Pfalzgrafen gekommen ist. Joseph Anton Aettenkhovers Geschichte der Herzoge in Baiern pag. 222. Pareus Histor. Palat. pag. 161. Johann Friederich, der jüngste Sohn Philipp Ludwigs des Pfalzgrafen, war im Jahre 1587. gebohren, erhielt es vermög des brüderlichen Vertrages vom Jahre 1615. samt Haideck, Allersberg und Gizzin, wohnte auch beständig allda. Er heurathete Sophia Agnes, des Landgrafen Ludwigs von Hessen-Darmstadt Tochter, im Jahre 1624. den 7ten November, welche ihn aber überlebte.

Er erzeugte zween Söhne, nämlich Philipp Ludwig, und Friederich. Ersterer lebte kaum drey Jahre, letzterer aber starb im nämlichen Jahre, in dem er gebohren worden.

Er erzeugte auch fünf Töchter, Anna Ludovica, Anna Magdalena, welche alle nicht lang lebten. Besagter Pfalzgraf aber überlebte alle seine Kinder, und starb den 7ten October im Jahre 1644. (*) Pareus Histor. Palat. pag. 513 und 514. Pareus lobt diesen Pfalzgrafen sehr, und sagt, daß er von seinem ältesten Herrn Bruder Pfalzgrafen Wolfgang Wilhelm wegen seines evangelischen Glaubens viele Verdrüßlichkeiten erdulten müssen.

Was aber wegen Einführung der katholischen Religion dahier vorgegangen, davon schreibt Carol. Caraffa in Germania sacra restaurata

Jo-

(*) Alle diese oben erwähnte Fürstliche Personen sollen in der Kirche allda begraben liegen.

Johann Christian, Pfalzgraf, Vater des jetzt glorwürdigst regierenden Karl Theodor soll dahier einige Zeit gewohnet haben, und Seine jetzt ruhmwürdigst regierende Durchlaucht soll hier im Jahre 1724. den 10ten December gebohren worden seyn. (*)

Die Pfarrkirche ist wohl gebauet. Den Pfarrer präsentirt die Landesherrschaft. Unweit davon ist noch ein schönes und großes Gebäu, worinnen auch Pfalzgrafen wohnten. Einen Beneficiaten allda präsentirt der bürgerliche Magistrat des Orts. Der Boden allda ist ziemlich sandig.

Mörlach.

Eine Hofmark, mit einem neuen und schön erbauten Schloß, in dem Bisthum Eichstätt, der Pfarrey Hilpoltstein, desselben Pflegamt im Nordgau. Die Familie derer von Imhoff besitzen es schon lang, und dessen Besitzer ist dermalen Karl von Imhoff. Der Boden dabey ist mittelmäßig.

Zell.

Eine Hofmark mit einem Schloß in dem Bisthum Eichstätt, dem Pflegamt Haideck, unweit des kleinen Flußes Roth im Nordgau. Den Pfarrer präsentirt die Landes-Herrschaft und der Fürst und Bischof zu Eichstätt wechselweis. Die von Silbermann, und nachgehends die von Preising waren davon Besitzere. Dermalen besitzet es Philipp Ernst Freyherr von Zehmen. Der Boden dabey ist mittelmäßig an Fruchtbarkeit.

Kreith.

(*) Gewisser ist es aber, daß die Stadt Sulzbach die beglückte Geburtsstadt war.

Kreitt.

Eine Hofmark mit einem Schloß und Bräuhaus in dem Bisthum Eichstätt, dem Pflegamt Haideck, und der Pfarrey Haideck im Nordgau, auf einem Berge, etwan eine halbe Stund von Haideck. Die von Hamertingen, von Wolfskell, und einer von Riedel, gewesener Zahlmeister zu Würzburg, haben es besessen. Francisca von Zehmen ist die dermalige Besitzerin davon. (*) Der Getreidboden ist mittelmäßig.

Haideck.

Eine kleine Stadt, in dem Bisthum Eichstätt, dessen Pflegamt im Nordgau, nächst dem kleinen Fluß Rednitz. Sie hat eine schöne Pfarrkirche. Den Pfarrer präsentirt die Landes-Herrschaft. Haideck war schon vor Anno 1360 eine freye Reichs-Herrschaft, wie Wigul. Hund in seinem Baierischen Stammbuch P. 1. pag. 200 schreibt. Da aber Friederich von Haideck die Schlösser Dollenstein und Welcheim, nach Anweisung des Datts in Vol. rer. German. pag. 171, welcher dieselbe in der Reichs-Matrikel nicht angesetzet, an sich kaufte, so empfieng Friederich von dem Kaiser Karl dem vierten 1000 fl. und machte diese seine freye Reichs-Herrschaft zu einem böhmischen Lehen, welches im Jahre 1360 geschehen seyn soll. Johann Heinrich von Falkenstein in Antiquit. Nordgav. P. 2. C. 6. §. 1. pag. 307. Diese Herren von Haideck sollen sonst sehr mächtig gewesen seyn, und 67 adeliche Familien als ihre Vasallen gezählet haben. (**)

Daher

(*) Dermalen soll sie verstorben seyn.
(**) In der Kirche des secularisirten Klosters Heilbronn, zwischen Nürnberg und Anspach, liegen auch Herren von Haideck, wie Sartor

Daher hohe Häuser sich mit ihnen in eheliche Verbündnisse einliessen. Johann von Haideck heurathete Anna, eine Tochter des Grafen Heinrichs von Henneberg, im Jahre 1385. Conrad von Haideck hatte Anno 1415 Anna, eine Landgräfin von Leuchtenberg, und Friederich von Haideck eine Herzogin von Teck zur Gemahlin.

Mehr dergleichen führet Johann von Falkenstein cit. Part. Lib. & pag. an. Nach dem Zeugniß des von Falkenstein soll diese Herrschaft von Conrad von Heydeck an dem Herzog Ludwig in Baiern vor 50000 Gulden im Jahre 1471 verkaufet worden seyn. Aettenkhover meldet in seinen Geschichten der Herzoge von Baiern hievon nichts. Joh. Jacob Moser in der Einleitung in das Pfälzische Staatsrecht sagt Cap. 9. §. 19. pag. 436., daß Pfalz sie wenigstens von denen von Haideck schon vor dem Jahr 1521 erkaufet hätte.

Dollenstein besassen ebenfalls die Herren von Haideck, wie dann ein Edelmann von Fichberg, so im Jahre 1429 Bischof zu Eichstätt war, es von ihnen erkauft haben soll. (*) Johann Hübners kurze Fragen aus der politischen Historie P. 7. pag. 201. Chritreus berichtet im 17ten Buch von Sachsen pag. 441., daß es zur Zeit des Schmalkaldischen Krieges dem Georg von Haideck zugehört habe, dessen Bruder Johann von Heydeck in sothanem Krieg diente, und zu Eulenburg im Jahre 1554 begraben wurde.

Von diesem Geschlechte kann man auch bey Merian Topograph. Palat. Bav. pag. 85. dann Franconiae pag. 40 nachschlagen. Es soll zu

Re-

Sarter in seinem Cistercium bis tertium pag. 701 schreibt. Es heißt sonst Heilsbrunn, das ist, fons salutis.

(*) Davon auch Caspar Brusch de Episcop. Germ. C. 10. pag. 194 schreibt.

Regensburg im Jahre 1516. zwischen der Krone Böhmen und dem Pfalzgrafen Otto Heinrich, ein sicherer Vertrag wegen des lehenbaren Schloßes Haideck errichtet worden seyn. Mausol. Antiq. S. Emmerami Cap. 53. pag. 213. Anno 1542 (wie in einer geschriebenen Verzeichniß nach Meldung Merian. Histor. Palat. Bav. pag. 32. item Anhang pag. 15 gefunden wurde) sollen die Nürnberger dieses Städtlein samt dem Schloß, dann Hilpoltstein, Allersberg, samt Waldungen, und aller Zugehör, von dem Pfalzgrafen Otto Heinrich um 156000 Lorenzer Gulden mit dieser Bedingniß gekauft haben, daß gedachter Herzog und seine Erben solche Stücke innerhalb 36 Jahren wieder einlösen möchten, wenn es aber nicht geschehe, so soll es den Nürnbergern ein ewiger Kauf seyn. Kaiser Karl der V., und Ferdinand sollen diesen Handel bestättiget haben. Am Ende der 36 Jahre hat der Pfalzgraf Philipp Ludwig zu Neuburg diese drey Aemter, samt dem Zugehör von dem mit seiner Gemahlin Herzogin Anna, zu Jülich, überkommenen Heurathgut im Jahre 1578 eingelöset.

Allhier hätte die Wittwe des Pfalzgrafens Johann Friederichs, (*) Sophia Agnes, gebohrne Landgräfin zu Hessen-Darmstadt, ihren bedungenen Wittibsitz geniesen sollen, allein sie lebte zu Hilpoltstein, indem es ihr von ihrem Herrn Schwager, dem Pfalzgrafen Wolfgang Wilhelm begünstiget wurde. Meriani Topograph. Palat. Bav. pag. 33. Es ist in dieser kleinen Stadt auch ein Beneficiat, welches die Landes-Herrschaft präsentirt. Der Boden ist in dieser Gegend mittelmäßig.

In dieser kleinen Stadt hält sich auch ein besonderer Chorstifts Landherrschaftlicher Verwalter auf. Wie Johann von Falkenstein Antiquit. Nordgav. P. 2. pag. 308 sagt, so soll bey Leibstadt, etwan 2 ½ Stund

(*) Siehe davon Stadt Haideck.

Stund von Halbeck ein Bergwerk ehemals gewesen seyn. Nunmehr aber gräbt man Erz bey Bauernfeld im Eichstättischen, welches sodann zu Ober-Eichstätt verarbeitet wird. Von dieser Herrschaft giebt man zum Reich 5 Mann zu Pferd, und 7 zu Fuß, oder an Geld 88 Gulden. Joh. Jacob Mosers Einleitung zum Pfälzischen Staatsrecht pag. 166. C. 4. Allein dermalen wird solches von Pfalz-Neuburg überhaupts vertretten.

Hofstätten.

Eine Hofmark ohne Schloß in dem Bisthum Eichstätt, der Pfarrey Hilpoltstein, und dem Pflegamt Hilpoltstein im Nordgau, am kleinen Fluß Roth. Davon ist das in der alten Pfalz liegende Kloster Walderbach, Ord. S. Bernard, Besitzer. Die alte Familie derer von Stein, oder Hilpoltstein, soll dieses inngehabt, und dem Kloster Walderbach geschenket haben. (*) Die Einkünfte davon bestehen in Holzwachs, Gülten, Zinnsen ꝛc.

Allersberg.

Ein Markt in dem Bisthum Eichstätt, dessen Pflegamt und eben in der Pfarrey im Nordgau. Dieser liegt an den Gränzen der freyen Reichs-Stifter Sulzbürg und Pyrbaum, dann im Reichs-Stadt-Nürnbergischen und Markgräflich-Anspachischen Gebiet. Die Pfarrkirche liegt ausserhalb des Markts. Den Pfarrer präsentirt die Landes-Herrschaft. Es ist allda ein mit guten, schönen, und er-
gie-

(*) Also eröfnete mir es der damalige Abt dieses Klosters Rivard Dizel, mit dem Beysatz, daß die Unterthanen daselbst von den Steuern exempt zu seyn prætendirten.

giebigen Stiftungen versehenes Spital, welches von dem Pflegamt verwaltet wird. Es hat auch allda herrliche Drath-Fabriken, welcher von verschiedenen Sorten gemachet, und in die vier Welt-Theile geführet wird, daher die Bürger eine große Nahrung durch diese Fabriken erhalten; eine davon ist denen von Gillardi, die andere aber denen Höckeln zuständig. Gedachtes Spital hat eine Kirche, welche noch innerhalb des Markts steht. Der Getreidboden ist ziemlich gut.

Harlach.

Eine Hofmark in dem Bisthum Eichstätt, der Pfarrey Allersberg und dem Pflegamt Allersberg, fast mitten im Wald im Nordgau. Wilhelm von Holzschuher ist davon Besitzer. Der Boden, weil er ziemlich sandig, ist mittelmäßig. Sie liegt noch im Nordgau.

Luppurg.

Ein Markt in dem Bisthum Regensburg, der Pfarrey Luppurg und dessen Pflegamt im Nordgau an der Laaber. Allda steht ein gebautes Schloß, welches der Gerichtsschreiber dieses Amts bewohnet. Den Pfarrer präsentirt allhier die Landes-Herrschaft. Die Pfarrkirche ist wohl gebauet, und ist darinn eine Bruderschaft der heiligen Barbara. Er hatte vor Zeiten seine eigene Herren, deren letztere auch Grafen genenat werden. Bey dem Kloster Weyhen-Stephan ist ein Donations-Brief vorhanden, und zwar vom Jahre 1140, in welchem Conrad von Lugburg, oder Luppurg, unter den Gezeugen befindlich. Conrad von Luppurg von 1296 bis 1311. (*)

(*) Also schreibt Johann Hübner in seinen kurzen Fragen aus der politischen Historie P. 3. pag. 157.

Bischof zu Regensburg, der letzte von diesem Stamm, soll Luppurg samt der Herrschaft seinem Bisthum im Jahre 1313 geschenket haben. Johann von Falkenstein Antiquit. Nordgav. P. 2. C. 6. Abs. 15. pag. 325. Andreas Presbyter meldet von diesem Conrad in Chronico generali bey dem P. Bernard Pez Tom. 4. P. 3. Thesaur. Anecdot. pag. 551 folgendes:

Anno Domini millesimo ducentesimo nonagesimo sexto Conradus Comes de Luppurk Præpositus Ratisbonensi Ecclesiæ præficitur Episcopus. Hic Castrum Luppurk dedit Ratisbonensi Ecclesiæ. Hic sepultus est in Ecclesia Cathedrali coram Altare sancti Andreæ Apostoli, hoc habens Epitaphium.

Hæc servet fossa Conradi Præsulis ossa,
De Luppurg natus sit tibi Christe datus.

Aventin in seiner Baierischen Chronik Lib. 7. pag. 474 meldet, daß Conrad, Bischof zu Regensburg, der letzte Graf zu Luppurg, zwischen dem Herzog Otto und Stephan zu Landshut in Baiern und den Bürgern zu Regensburg Friede gemachet, und den Fürsten wurde die alte Gerechtigkeit allda, nämlich Mauth und Zoll, dann das Schultheisen-Amt und der Hof zugesprochen. Von diesem alten Geschlechte machet Joseph Anton Aettenkhover in seiner Baierischen Geschichte pag. 181. item pag. 197. seqq. wo nämlich dieselben als Gezeugen bey verschiedenen errichteten Documenten adhibiret wurden, klare Erwähnung. Davon kann man auch nachschlagen Conradi Annal. Schyrenf. pag. 188. Nach der Zeit aber muß dieser Markt samt der Herrschaft von dem Bisthum Regensburg wieder

weg,

weg, und zu Baiern gekommen seyn; denn man findet bey Joseph Anton Aettenkhover in seiner Geschichte der Herzoge in Baiern pag. 284. daß in dem Anno 1392 zwischen Stephan Friederich, und Johannes, Gebrüdere, Herzogen in Baiern, zu München an St. Catharina Abend errichteten Theilbrief Luppurg die Burg dem Herzog Johann zu Theil geworden seye. Im Jahre 1505 erhielt solche das hohe Pfalz-Neuburgische Haus. Diese Gegend kann sich wegen des fetten Getreidbodens rühmen.

Froschau.

Eine Hofmarkt mit einem Schloß in dem Bisthum Eichstätt und dem Pflegamt Velburg, dann der Pfarrey Welling an der Laaber im Nordgau. Besitzer davon ist die Baron von Weitenauische Familie. Der Feldbau ist dabey sehr gut. Sie liegt etwan eine Stund von Velburg.

Graisbach.

Darinn ist ein altes zerfallenes Schloß, in dem Bisthum Augsburg, dem Landrichteramt Graisbach, und der Pfarrey Lechsend, oder Lechsgmünd. Lechsgmünd war ehedessen das Stammhaus und Residenz-Schloß dieser berühmten Gräflichen Familie, die sich Grafen zu Graisbach und Lechsgmünd schrieben. Sie waren gefürstete Grafen, und hatten (wie die Fürsten) ihre vier Erbämter. Die zu oder von Meullenhart, (*) waren ihre Erb-Marschälle,

(*) Augustin Sarter in seinem verteutschten Cistercium bis tertium pag. 729. nennet sie Meickenhardt.

die von Alpheim, oder Altisheim, ihre Erb-Truchseſſen, die von Sweinisbuendlo (*) Erbſchenken, und die von Gannsheim Erb-Kammerer. (**)

Das Schloß zu Lechsgmünd iſt auch dermalen ganz eingegangen, und man ſiehet nichts als die Mauern, und einen Haufen ineinander zerfallene Steine. Das Dorf Lechsgmünd, oder Lechsend, liegt nächſt an der Donau, worein der Lech ſich ſtürzet. Das Schloß allda wurde von den Regensburgern im Jahre 1248 zerſtöret, weil man denſelben ihre Güter, die vom Lech in die Donau gebracht wurden, aufhielt. Merian Hiſtor. Topograph. Palat. Bavar. pag. 86. Cœleſtinus Ord. S. Bened. Mauſol. Antiqu. S. Emmerami C. 44. pag. 157. 158.

Eberhard, Graf von Graisbach und Lechsgmünd, welcher Anno 1324 Biſchof zu Eichſtätt wurde, beſchloß mit ſeinem im Jahre 1327. erfolgten Tod dieſe ſehr berühmte Familie, und zwar in Italien in der Belagerung Piſa, wohin er dem Kaiſer Ludwig aus Baiern gefolget, und von der dazumal graſſirenden Peſt hingeriſſen worden. Joh. Hübner in den kurzen Fragen aus der Geographie Lib. 1. pag. 199. meint, daß derſelbe bey Lucca geſtorben, und allda begraben worden ſey. Nach deſſen Tod ſoll der Kaiſer dieſe Grafſchaft Bertholden von Neiffen, General-Feldmarſchall ſeiner Armee, als ein Reichslehen übergeben haben, nach dem Abſterben aber dieſer Familie ſoll der größte Theil dieſer Grafſchaft an die Herzoge von Baiern gekommen ſeyn, wie Johann von Falkenſtein Antiqu. Nordgav. oder vielmehr Hiſtor. Bav. pag. 319, 320, ſeqq.

inn-

(*) Sonſt heißt es Schweindsbaindt.
(**) Auguſtinus Sartorius ſupra dictus giebt ihnen pag. 729. den Namen Knobel von Gannsheim.

innhaltlich beschreibet, da er deren Genealogie mit anführet. Joseph Anton Aettenkhover in seiner Geschichte der Herzoge in Baiern pag. 38 sagt aber, daß Kaiser Ludwig aus Baiern Graisbach und Lechsgmünd nach dem Absterben dieser Grafen Erbschaftsweise erhalten habe, und machet keine Erwähnung von dem General-Feldmarschall von Neiffen. Merian Topograph. Francon. pag. 18. meldet gar, daß gedachter Bischof Gebhard, der letzte seines Geschlechts, erst im Jahre 1374 verstorben sey. Dahero kommen die Geschichtschreiber im Jahre seines Todes nicht wohl zusammen. Von diesem alten Geschlechte sind besagter Merian pag. 24. dann Joseph Anton Aettenkhover in seiner Geschichte der Herzoge in Baiern pag. 173 und 231. endlich Aventin tab. 25. und Joh. Hübner in den kurzen Fragen aus der Politischen Historie Lib. 1. pag. 191. Part. 7. nachzuschlagen.

Graf Heinrich von Graisbach und Lechsgmünd, samt seiner Gemahlin Luidgard, Gräfin von Abensperg, hat das dermalige Reichskloster Kaisersheim gestiftet. Wigul. Hund. Metropol. Salisburg. Tom. 2. fol. 222. In der im Jahre 1392 zu München an St. Catharina Abend gemachten obbemeldten Vertheilung der Märkte und Städte ꝛc. kam die Burg Graisbach an Herzog Stephan in Baiern. Joseph Anton Aettenkhover in seiner Geschichte der Herzoge in Baiern pag. 285.

Graisbach wurde von dem Markgrafen Albrecht von Brandenburg, so mit dem Kaiser Friedrich und den Reichsstädten zu Felde zog, wider den Herzog Ludwig zu Landshut, im Jahre 1462 eingenommen. Aventin in seiner Baierischen Chronik Lib. 8. pag. 530. Besagter Aventin Lib. 2. pag. 152 führet von diesem Lechsgmünd, so sonst Licostoma genennet wurde, so viel an, daß er allda einen alten Stein gefunden, mit diesen alten römischen Buchstaben: D. I. M. Jul. Justus V. A. XXVI. Amabilis Mater. F. C. Dieß ließ man also: Diis inferis manibus Julius Justus vixit annos 26. amabilis Mater faciendum curavit. Diesen Stein soll ein gelehrter Mann, Georg Meisch, wie nach dem Zeugniß des Aventins solche es ihm selbst geschrieben, nach Ingolstadt auf der Donau geführet, und um 3 Schilling einem Burger, Georg Wirfel, verkaufet haben, welcher selben auf unser lieben Frauen Kirchhof ganz umgekehrt auf ein Grab geleget hat. Doctor Sebast. Ilsung, der hernach nach Ingolstadt kam, hat zwar befohlen, diesen Stein entweder im Kollegio, oder in der Frauen-Kirche in die Mauer aufwärts zu setzen, allein es geschah nicht. So viel sagt Aventin von diesem Stein.

Im Jahre 1505 kam Graisbach samt Lechsgmünd an das hohe Pfalz-Neuburgische Haus. Nächst dem alten Schloß Graisbach stehet eine Kirche, darinn ein Pfarrer zu Lechsgmünd alle Freytage die von dieser sehr alten Familie gestiftete heilige Messe lesen muß. Zu Lechsgmünd ist die Pfarrkirche. Den Pfarrer präsentirt die Landes-Herrschaft. Das Schloß und das Landgericht dabey soll ein Reichslehen seyn, wie Moser in seiner Einleitung in das Pfälzische Staatsrecht Cap. 12. §. 9. pag. 618 behauptet, und wovon der erste Lehensbrief vom Jahre 1510 in Lunigs Corp. Jur. Feudal. tom. 1. pag. 665. seqq. anzutreffen ist. Der Getreidboden dabey ist fruchtbar.

Marxheim.

Ein kleiner Markt in dem Bisthum Augsburg, dem Landvogt-Amt Neuburg an der Donau, worüber eine Brücke gehet. Ein Pfarrer wohnet allda, welchen das Kloster Niederschönenfeld präsentirt. Darinn ist auch ein Landesherrliches Mauthamt. Der Getreidboden ist dabey ebenfalls wegen seiner Güte berühmt. Gegen diesen Markt über stehet das Kloster Niederschönenfeld.

Schwei-

Schweinespaint.

Eine Hofmark mit einem Schloß in dem Bisthum Augsburg, der Pfarrey Marxheim, und dem Landrichter-Amt Graisbach, hat ein wohlgebautes Schloß, und liegt etwan eine Stund von der Donau. Die von Schweinisbuendo, welche Erbschenken bey dem Grafen von Graisbach und Lechsgmünd gewesen, (*) und die Zincken von Gleeth besassen es. Albert Clodomir Fabricani Freyherr von Bechetti, Herr zu Navarra ⁊c. so im Jahre 1638. Landschafts-Commissarius zu Neuburg gewesen, war auch davon Besitzer. Dermalen besitzet es Alopsius Freyherr von Hack, Obrist-Jägermeister zu Neuburg und wirklicher Hofkammer-Rath allda. Es ist ein Bräuhaus, guter Getreidboden und Holzwachs dabey.

Gannsheim.

Eine Hofmark mit einem Schloß und Bräuhaus in dem Bisthum Augsburg und dem Pflegamt Monnheim, unweit der Usel, im sogenannten Uselthal. Die Pfarrey samt dem Beneficium bey St. Veit allda vergiebt der Hofmarks-Innhaber.

Limbrecht Lenk, Kammer-Rath und Landschafts-Commissarius zu Neuburg, war im Jahre 1559 Besitzer davon. Thomas von Strahlenfels, der im Jahre 1582 ebenfalls Landschafts-Commissarius war, besaß es auch. Die von Weldenstein, wovon Johann von Weldenstein Churpfälzischer geheimer Rath, Kammerer und Haus-Hofmeister war, besaß solches ebenfalls. Der dermalige Innhaber davon ist der Freyherr von Kühlberg. Der Getreidboden ist gut allda.

Ber-

(*) Siehe Graisbach.

Bertolzheim.

Eine Hofmark mit einem gar schönen und groß erbauten Schloß, (dergleichen in diesem Herzogthum gar wenig sind) in dem Bisthum Augsburg, dem Landvogt-Amt Neuburg, unweit der Donau auf einer Anhöhe. Den Pfarrer darinn präsentirt die Landes-Herrschaft. Rumbold von Eurichshausen, welcher im Jahre 1566 Landmarschall-Amtsverwalter dieses Herzogthums war, besaß es. Im 1698ten Jahre war Herr von Berlin, oder vielmehr Berlichingen, davon Besitzer. Nunmehro sind davon Besitzere die Freyherren von Iselbachische Erben. Es hat sehr guten Getreidboden und Wiesen.

Monnheim.

Eine feine Stadt in dem Bisthum Eichstätt, eben dem Pflegamt Monnheim, an einer großen Landstraße. Die Pfarrkirche dahier ist schön. Den Pfarrer präsentirt das Barmherzige Brüder-Johann de Deo Kloster zu Neuburg. Die alldasige Gegend wird der Hahnencamp benamset. (*) Vor Zeiten war dahier ein herrliches Nonnen-Kloster aus dem heiligen Benedictus-Orden, in welchem ein Theil von St. Walburgis Körper, der auf Bitten der Jungfrau Luibilla dahin gebracht wurde, aufbehalten worden.

Stet-

(*) Der Hahnencamp, so sonst ein Theil von Schwabenland ist, und von Martinus Crusius Pagus Gallinaceæ Cristæ genennet wird, stosset an das Rieß und an die Donau, gegen Rhain bey Haarburg an dem Hartfeld. Er fängt bey dem Kloster Kaisersheim nicht weit von Donauwörth an, und gehet nach der Quer für Monnheim, Steinheim, Truchedingen, Fünfstetten und Wolffstadt.

Gretſer im Regiſter der Biſchöfe zu Eichſtätt ſagt, daß unter dem Biſchof Erchambald, oder Erchambold, welcher den 19ten September ſtarb, da man 902 ſchrieb, ein Theil der heiligen Reliquien von St. Walburg von Eichſtätt zum Kloſter in Monnheim, dem Luibilla, oder Lioba, als Aebtiſſin vorſtunde, gebracht worden ſeye.

Aventin meldet Lib. 3. pag. 317., daß St. Lioba zu Monnheim im Kloſter liege. Nachgehends wurde dieſes Kloſter ebenfalls ſeculariſiret, wie P. Guſſ, Ord. S. Bened. in ſua Defenſ. Jur. Stat. Eccleſiaſt. circa temporalia Part. poſter. pag. 127 meldet. Pfalzgraf Wolfgang Wilhelm verwendete den mehreſten Theil davon zur Stiftung der Barmherzigen Brüder des heiligen Johann de Deo in Neuburg, (*) wie dann dieſelben allda einen beſondern Getreidkaſten haben. Dieſe Stadt wurde von dem Markgrafen Friederich zu Brandenburg und dem Grafen von Oettingen, dann dem Herzog Ludwig von Barth zu Ingolſtadt (der gab es dem Jobſt, Herrn zu Abensperg) eingenommen. Avent. Lib. 8. pag. 516. Wie Carol. Stengelius rer. Auguſtan. P. 2. berichtet, ſo ſollen dieſe Stadt die Augsburger im Jahre 1462 eingenommen, verbrannt, und die Stadtmauern niedergeworfen haben. Joſeph Anton Aettenkhover in ſeiner Geſchichte der Herzoge in Baiern pag. 285 meldet, daß Monnheim der Herzog Stephan in Baiern durch die im Jahre 1392 oben erwähnter maſſen gemachte Theilung erhalten habe. Im 1505ten Jahre kam es zu dem Pfalz-Neuburgiſchen Herzogthum.

Dahier giebt es ſehr viele Nadelmacher, und ſollen zu Zeiten des Geſchichtſchreibers Münſters 63 geweſen ſeyn. Zu Reglingen, einem

(*) Siehe Stadt Neuburg.

einem Dorf nicht gar weit davon, sind auch viele Nadelmacher. Es war allda einsmals ein Landesherrliches Bräuhaus, nunmehr aber wird darinn nicht gebrauet. Daßelbe bewohnet dermalen der Churfürstliche Kastner von Monnheim. Man bräuet dahier ebenfalls gutes Bier, und sind dabey etwelche gute Keller. In dieser Gegend wächst gutes Getreid, ingleichen giebt es viele Wiesen. Dieß soll ein Reichslehen seyn, wovon der erste Lehensbrief vom Jahre 1510 in Lünigs Corp. Jur. Feudal. tom. 1. pag. 665 zu finden ist, welches auch öfters bemeldter Moser Cap. 12. §. 9. pag. 618 behauptet.

Tagmersheim.

Eine Herrschaft mit einem Schloß und Bräuhaus in dem Bisthum Eichstätt, dem Pflegamt Monnheim. Allda befindet sich ein Pfarrer, welchen das Kloster der Barmherzigen Brüder zu Neuburg präsentirt. Diese Herrschaft hat die hohe Jurisdiction zu exerciren, die große Jagdbarkeit aber gaudiret dieselbe nicht. Dabey ist auch eine schöne Schäferey. Johann Joachim von Øting, welcher im Jahre 1559 Landschafts-Commissarius zu Neuburg wurde, besaß es. Er wurde als Land-Marschall im 1565ten Jahre erwählet. Wolf Lorenz von Wallrab, welcher im Jahre 1598 Landmarschall war, besaß es auch. Ingleichen war Besitzer davon im 1622ten Jahre Franz Beverello.

Im Jahre 1637 kam es an Hortensius Brocho, und von denen von Brocho gelangte daßelbe an Franz Pestalozzi von Cleven, da man schrieb 1672. (*) Nunmehro ist Besitzer davon Ignatius
von

(*) Davon ist das im 1726ten Jahre herausgegebene aktenmäßige Factum in Sachen Marquard Wilhelm von Brocho ꝛc. contra
Franz

von Peſtalozza. In dieſem Dorf iſt noch ein adeliches kleines Schloß. Die von Brocho beſaſſen dieß ebenfalls, ingleichen der von Vierſen, Churpfälziſcher geheimer Rath und Staats-Secretarius im Namen ſeiner Ehegemahlin. Nunmehro iſt Beſitzer davon Joſeph Freyherr von Hohenhauſen, General-Major und Innhaber eines Churpfäl- ziſch-Baieriſchen Regiments zu Fuß.

Daß Tagsmersheim, oder Tagmerheim, zu dem in der Stadt Neuburg vor Zeiten geweſenen Nonnen-Kloſter Ord. S. Bened. müſſe gehört haben, beweiſet jenes Diploma, welches Johann von Falken- ſtein in Antiquit. Nordgav. vet. P. 2. C. 6. pag. 332 anführet, worinn es ſub medio Diplomatis heißt. — —

Quædam juris noſtri Prædia totaliter donantes proprie- tamus in augmentum ſtipendiorum, ſcilicet Tagmarsheim, ſitum in Comitatu Graisbach, cum Nemore; & Möringen ſitum in Comitatu Hirzberg; nec non Zell ſitum in Comi- tatu Neuburg, cum omnibus ejusdem Prædiorum attinentiis, & appendiciis, videlicet Eccleſiis, villis, areis &c. &c.

Daſelbſt bauet man Getreid in großer Menge, es giebt auch viele Wieſen und etwas von Holzwachs.

Franz und Peter von Peſtalozzi, Gebrüdere, puncto diverſa- rum prætenſionum einzuſehen, wobey ausführlich angeführet wird, wie, und welchergeſtalten dieſe zuvor lehenbare Herr- ſchaft Tagmersheim in ein Allodium verwandelt wurde, und was dafür das hohe Pfalz-Neuburgiſche Haus an baarem Gelde erhielt.

Blosenau.

Eine Hofmark ohne Schloß in dem Bisthum Eichstätt, dem Pflegamt Monnheim, der Pfarrey Uibersfeld. Der Besitzer davon ist (obschon solches die einsmalige Besitzere der Herrschaft Tagmersheim auch innen gehabt) dermalen Ignatius von Pestalozza. (*) Es hat auch guten Grund.

Uibersfeld.

Eine Hofmark ohne Schloß in dem Bisthum Eichstätt, dem Pflegamt Monnheim und der Pfarrey Uibersfeld selbst. Den Pfarrer alda präsentirt ein Innhaber dieser Hofmark. Ignatius von Pestalozza ist dermalen davon Besitzer. Die vorigen Innhaber von Tagmersheim haben dieses gleichfalls besessen. (**) Dabey wächst gutes Getreid.

Emsheim.

Eine Hofmark ohne Schloß in dem Bisthum Eichstätt, dem Pflegamt Monnheim unweit der Usel. Den Pfarrer präsentirt der Innhaber dieser Hofmark. Joseph Freyherr von Hohenhausen ist davon Besitzer. (***) Es ist dabey ein guter Getreidboden.

(*) Siehe Herrschaft Tagmersheim.
(**) Siehe Tagmersheim.
(***) Siehe das Schlößel zu Tagmersheim.

Rannerzhofen.

Ein Markt in dem Bisthum Augsburg, dem Pflegamt Rannerzhofen an der Usel. Allda stehet eine schöne Pfarrkirche. Den Pfarrer präsentirt die Landes-Herrschaft, den Frühmesser aber der bürgerliche Magistrat allda. Es muß dieser Markt unter dem Landvogtamt, vormals aber gewesener Grafschaft Neuburg, (*) oder unter dem Landrichteramt Graißbach begriffen gewesen seyn, weil Joseph Anton Aettenkhover in seiner Geschichte der Herzoge in Baiern nichts davon meldet. Im Jahre 1505 bekam solches das hohe Pfalz-Neuburgische Haus.

Da die Kaiserlichen auf die Flütterung austritten, und ihre Armee Neuburg angreifen wollte, haben dieselben von den Schweden, welche zu Donauwörth eilends zusammen kamen, den 27ten May Anno 1633. Schaden gelitten. Merian Topograph. Palat. Bavar. pag. 93.

In diesem Markt ist auch ein adelicher Sitz, wobey ein schöner Feldbau, Holz und Wieswachs ist. Die alte Familie derer von Leoprechting waren davon Besitzer. Wolf Heinrich von Lemble war auch Besitzer davon, welcher die Stelle eines Landschafts-Commissarius im Jahre 1608 begleitete. Freyherr von Goudenhofen, Pfalz-Neuburgischer geheimer Rath und Ober-Landmarschall-Commissarius besaß es auch. Nunmehro aber hat solches innen Clemens Freyherr von Karg zu Bebenburg auf Hochdorf, Landmarschall des Herzogthums Neuburg, oder vielmehr dessen Gemahlin, eine gebohrne Freyin von Goudenhofen besitzet es dermalen. In dieser Gegend ist sehr guter Getreidboden.

(*) Siehe Stadt Neuburg.

Stepperg.

Eine Herrschaft mit einem Schloß in dem Bisthum Augsburg, dem Landvogtamt Neuburg und eben der Pfarrey Stepperg, nahe an der Donau, etwan 1½ Stund von Neuburg. Allhier ist nebst dem Bräuhaus ein großer Garten. Der Bau der Pfarrkirche ist fein. Den Pfarrer präsentirt die Herrschaft selbst. Von derselben wird die hohe Jurisdiction exercirt. Die alte Familie von Welser besassen dieß lange Zeit, wovon Jacob Welser den Pfalzgrafen Philipp Ludwig auf dem Anno 1582 zu Augsburg gehaltenen Reichstag mit andern von Adel begleitet hat. Fleischmann Descript. des allda gehaltenen Reichstages pag. 68. Die Freyherren von Servi, wovon Johann Dominicus Freyherr von Servi im Jahre 1655 Landschafts-Commissarius zu Neuburg war, besaß es auch. Dermalen ist Besitzer davon Karl Freyherr von Servi, Churpfälzischer Kammerherr, Landobrister und Stallmeister zu Neuburg, dann Pfleger zu Rannerzhofen und General-Major. Der Boden dabey ist sehr fruchtbar. Unweit davon steht auf einem Berge ein kleines Kirchlein, zu Ehren der heiligen Anna erbauet.

Berezhausen.

Ein Markt in dem Bisthum Regensburg, eben dem Pflegamt Berezhausen an der Laaber im Nordgau. Die Pfarrkirche ist fein. Den Pfarrer präsentirt die Landes-Herrschaft. Unweit den Markt etwan eine Viertelstund steht auf einem mit Holz dermalen ziemlich überwachsenen Berg das alte zerfallene Schloß, welches die berühmte Herren dieser Reichs-Herrschaft vor Zeiten bewohnet haben. Es wird Ehrenfels genannt, davon sie sich auch schrieben. Diese Herren waren lange Zeit davon Besitzer. Hanns Staufer zu Ehrenfels
wurde

wurde in dem zwischen dem Herzog Ludwig von Barth in Baiern und dem Bischof zu Passau aus dem Geschlechte von Leimmingen wegen Mauth- und Gränitz-Sachen errichteten Vergleich als Zeug adhibirt, Aventin in seiner Baierischen Chronik Lib. 8. pag. 521. In dem zu Regensburg im Jahre 1396 gehaltenen Tournier war Conrad von Ehrenfels gegenwärtig, ingleichen auch Dietrich Staufer von Ehrenfels. Cœlestinus Ord. S. Bened. Maufol. Antiq. S. Emmerami pag 187 und 188. Vor dieses Schloß zogen die Regensburger an den Oster-Feyertagen, gewannen den dritten Tag das Schloß, und führten Dietrich von Stauf, des Johann von Stauf Vaters Bruder gefangen nach Regensburg (denn dazumal waren die Reuter allgemein, welche im Lande herum ritten, raubten und brennten nach Belieben, und diese wurden von Hanns Stauf zu Ehrenfels wohl unterstützet) daher sagten die von Regensburg demselben ab, und thaten gegen ihn diese Unternehmung. Es geschah im 14ten Jahrhundert. Aventin in seiner Baierischen Chronik Lib. 8. pag. 514.

Die Burger zu Regensburg liefen Anno 1525 zu Anhörung der Evangelischen Predigt haufenweis nach Beretzhausen. Cœlestinus cit. C. 53. pag. 224. Dazumal soll noch kein Protestantischer Prediger zu Regensburg gewesen seyn. Ein gewißer Edler Herr von Beretzhaus (nämlich von Ehrenfels) ließ Anno 1541 zu Regensburg in seinem allda befindlich gewesenen Stauffer-Hof das Evangelium durch Leopold Molz predigen, (*) daher folgende teutsche Verse gemacht wurden.

Als

(*) Merian in seiner Histor. Palat. Bavar. pag. 77. meldet, daß Bernard Staufer, welcher zu Regensburg ein Haus gegen Obermünster über hatte, welches bis dato noch der Staufer-Hof genennet wird, das Evangelium in sothanem Haus pre-

Als dieser Reichstag hat ein End,
Gott anderwärts sein Wort hersend,
Dann es ließ in dem Staufer-Haus
Ein edler Herr von Berghaus
Lehren das Evangelium,
Wie es hat eingesetzt Gottes Sohn,
Weil sich aber beschwert der Bischof, (*)
Wurds abgeschaft im Staufer-Hof.

Dieses beschreibt besagter Cœlestinus Mausol. Antiq. S. Emmer. C. 54. pag. 232. Von diesem Geschlechte siehe Joseph Anton Actenkhovers Geschichte der Herzoge in Baiern pag. 197. Ingleichen Johann Hübners kurze Fragen aus der Politischen Historie Tom. 7. Lib. 1. pag. 435 und 436. Im 435ten Blat meldet er, daß Egino Freyherr von Ehrenfels Anno 1174 Bischof zu Chur wegen seiner großen Eigenschaften von dem Kaiser Friederich Barbarossa zum Fürsten creiret worden. Bernard von Stauff soll die Herrschaft an Baiern Anno 1367 verkauft haben, wovon Hundius P. 2. fol. 207. und Schwederus Theatr. Pretenf. P. 2. tit. 63. meldet. Durch den bekannten Kölner Vertrag wurde es dem Herzogthum Neuburg zuerkannt.

Unweit

predigen ließ, das ihm aber von dem edeln Rath allda eingestellet wurde; denn dazumal hatten viele Edelleute, ja auch die Fürsten Häuser in Regensburg. Aventin in seiner Baierischen Chronik Lib. 4. pag. 367. Anno 1426 hat der Herzog in Baiern Johann denselben von Hanns Rothhaft um 900 Gulden erkaufet, Churpfalz aber hat solchen dem Kloster St. Emmeram verkaufet, welches geschah Anno 1537. Das Kloster aber hat ihn dem Bisthum Freysing im Jahre 1654 käuflich übergeben. Cœlestinus Abbas Mausol. Antiqu. S. Emmer. pag. 193 und 114.

(*) Dazumal war Bischof Pancraz von Sinzenhofen.

Unweit dem Markt jenseits der Laaber stehet auf einem Berg eine schöne Kirche, und ist darinn ein Wunderwirkendes Gnadenbild. Obschon der Markt in einem Thal liegt, so giebt es doch dabey gute Felder und Wiesen, und der kleine Fluß Laaber giebt schöne Forellen und Krebse, die in der ganzen Gegend berühmt sind. Die Herrschaft Stauf am Regen oder Ehrenfels giebt zum Reich 3 Mann zu Pferd oder 36 Gulden, und diese zahlt Pfalz-Neuburg. Moser in seinem Baierischen Staatsrecht C. 4. §. 16. pag. 166. Ehrenfels hat auf der weltlichen Bank die achte Stelle zwischen Ortenburg und Wolffstein. Maxlrain suchte zwar den Vorsitz, Ehrenfels entgegen erhielt sich in dem Besitz. Johann Jacob Moser in seiner Einleitung in das Pfälzische Staatsrecht Cap. 5. §. 34.

Etwan anderthalb Stund von diesem Markt liegt in der Pfarrey Hochenfels und Expositur Oberfrauendorf ein kleines Dörfel oder Weiler, (*) wobey eine schöne Kirche der seligsten Mutter Gottes zu Ehren befindlich ist, und von vielen andächtigen Wallfahrtern ehrerbietigst besuchet und verehret wird.

Es wurde erst vor sieben Jahren von Grund aus schön gebauet, vor Zeiten war dabey eine große und berühmte Wallfahrt, wohin sich sehr viele aus der damaligen alten Pfalz sowohl als auch aus Böhmen begaben.

Diese berühmte Wallfahrt aber und die erste Kirche soll von einem sichern Grafen und Herrn zu Ehrenfels folgendergestalten errichtet worden seyn. Er begab sich Anno 801 auf die Jagd, um den flüchtigen Rehen nachzujagen, und setzte auch einem Rehe mit seinen begierigen Hunden nach bis an einem Baum, wo dermal die Kirche stehen

(*) Es wird Rehberg genannt.

stehen soll. Als er aber demselben anzunahe kam, fand er das Reh nächst dem Baum auf seinen hintern Läufen sitzend, mit den vordern aber sich an dem Baum hinauf wendend; der Graf verwunderte sich hierüber, sah aber gegen den Baum hinauf, allwo er voll Erstaunung und Ehrfurcht das Gnadenbild in dem Baum sich befindend erblickte. Er ließ sodann das Reh wieder davon ziehen, bauete aber allda eine Kirche hin, und dieß soll der Ursprung dieser Wallfahrt und erbauten Kirche seyn, wie solches ein damaliger höchst eifriger Pfarrer von Hochenfels, Joseph Pimann, in seiner Anno 1777 am St. Maria Heimsuchungs-Tage allda gehaltenen so preislich als gelehrten Predigt oder Rede etwas weitläufiger ausgeführet. Man sagt auch, daß, als man die Kirche unten an dem Berge erbauen wollte, die Rehe allezeit zu Nachts die Steine und Materialien hinweg und an den nämlichen Platz, wo dieselbe dermalen stehet, getragen haben sollen. Die Geschichte davon ist in der Kirchendecke oben zu sehen, und mit einem künstlichen Pensel lebhaft abgeschildert, und von sothanen Rehen ist dieses Dörfel, weil es auf einem Berg liegt, Reheberg genannt worden. Zuvor soll es Engsdorf geheißen haben. Als man den Grund zu der damaligen Kirche ausgegraben, fand man eine dicke Mauer in der Erden, dann auch Glockenspeis und Eisenwerk, daher leicht zu schlüßen, daß allda eine Behausung und Kirche muß gestanden seyn; wie dann erzählt wird, daß allda sowohl, als auch zu Pfrauendorf ein Nonnenkloster gestanden seyn soll.

Regendorf.

Eine Hofmark mit einem schönen Schloß und Garten, dann großen Bräuhaus und Ziegelhütten in dem Bisthum Regensburg, dem Landrichteramt Burglengenfeld und der Pfarrey Zeitlarn, etwan anderthalb Stund von Regensburg an dem Regen im Nordgau.

gau. Die von Moller und die Altmänner haben es lange Zeit im Besitz gehabt, und Georg Friederich von Moller besaß solches im Jahre 1650. Die von Patzendorf, und besonders Wilhelm von Patzendorf war davon im 1692ten Jahr Besitzer, er liegt in der Schloß-Kapelle begraben. Nunmehro hat es die Freyherrliche von Oberndorfische Familie im Besitz. (*) Joseph Freyherr von Oberndorf, Churpfälzischer geheimer Rath, Kammerer, dann Landschafts-Commissarius zu Neuburg und Ritter des Churpfälzischen Löwen-Ordens hat es dermalen in Besitz. (**)

Unweit dem Schloß liest man in einer Stadtmauer hebräische Schriften und sieht etwelche Wappen von den Besitzern dieser Hofmark. Vor Zeiten stand eine Juden-Synagog, oder Tempel, wo dermalen das Schloß sich befindet, wie dann der Juden-Brunn noch dabey war, wo sie sich gewaschen. Derselbe wurde aber letzt-

T 2   hin

(*) Von diesem adelichen Geschlechte wurde Conrad Oberndorfer von Conrad Friederich von Leibnitz, Erzbischof zu Salzburg, am Vorabend der unglücklichen Schlacht, so der Herzog Friederich von Oesterreich mit dem Kaiser Ludwig dem Baier gehalten, mit 92 vom Adel im Jahre 1322 zum Ritter geschlagen, welches alles Aventin in seiner Baierischen Chronik lib. 8. pag. 486 weitschichtig ausführet, und dieß Geschlecht war in vielen Tournieren gegenwärtig, nämlich bey dem im Jahre 1284, 1396 und 1412 zu Regensburg, und im Jahre 1436 zu Stuttgard gehaltenen Tournier, wie Münster in seiner Cosmographia lib. 3. pag. MLVI. meldet.

(**) Der dermalige Churpfälzische Baierische Staats- und Conferenz-Minister, Kammerer, dann Ritter des Pfälzischen Löwen-Ordens und Pfleger zu Bocksberg, auch Churpfälzischer Hofrichter, dann Ehren-Präsident der Akademie der schönen Wissenschaften zu Mannheim ist dessen ältester Bruder.

hin verschüttet und eben gemacht. (*) Vor langen Jahren her hat man nicht weit davon Erz und Schwefel aus der Erde gegraben. Im Bräuhaus bräuet man neben dem braunen Bier auch weisses. Der Feldbau ist gut, und es giebt viele Wiesen und etwas von Holzwachs dabey.

Loch.

Eine Hofmark mit einem Schloß in dem Bisthum Regensburg, dem Landrichter-Amt Burglengenfeld und der Pfarrey Leonberg im Nordgau. Die Degenmayer von Rosenhof besassen solches lange Zeit. Der von Singer war auch Besitzer davon. Joseph Freyherr von Oberndorf besitzet es dermalen. (**) Allda trägt der Boden vieles Getreid.

Wolfseck.

Eine Hofmark mit einem alten auf einem Hügel stehenden Schloß, welches mit einer Mauer umgeben ist, in dem Bisthum Regensburg, dem Landrichter-Amt Burglengenfeld und der Pfarrey Duttendorf im Nordgau nahe an dem Schwaichhauser Forst. Die von

(*) Die auf dem Stabel befindliche hebräische Innschriften wurden von Joachim Isaac Juden in der Waiden (welches eine Statt im Herzogthum Sulzbach ist) nachstehender massen ausgeleget. Der zur rechten Hand eingemauerte Stein soll sagen: vertrieben aus dem gelobten Land, es ist gestorben der Erhn von Salomon Emanuel den Erchtag, den 1ten October 1249. Der zur linken Hand hingegen: es ist gestorben eine ehr- tugend- und gottesfürchtige Frau den 21ten Junii 1240.

(**) Siehe Hofmark Regendorf.

von Götzengrünn und die Thummer besassen es lange Zeit. Die von Silbermann waren ebenfalls Besitzer davon. Dermalen besitzet es Joseph Freyherr von Oberndorf. (*) Der Grund ist fruchtbar.

Steinsberg.

Eine Hofmark mit einem Schloß in dem Bisthum Regensburg, dem Landrichter-Amt Burglengenfeld im Nordgau unweit dem Schwaichhauser Forst. Barbara von Regal, Wittwe, hat dieses dem Julius Cäsar Visconti, Pfalz-Neuburgischen geheimen Rath und Pfleger beeder Klöster Bielenhofen und Pettendorf im Jahre 1646 verkaufet. Melchior Peter Robecco, Baierischer Obrist-Wachtmeister, besaß es Anno 1664. Der Reichs-Hofrath von May und die von Silbermann, wie auch die von Gougl waren ebenfalls Besitzer davon. Karl Freyherr von Großschedl ist der nunmehrige Innhaber dieser Hofmark. Sie hat Wiesen und guten Getreidboden.

Hemau.

Eine Stadt in dem Bisthum Regensburg und eben dem Pfleg-amt Hemau an einer großen Landstrasse nach Nürnberg im Nordgau, hat eine schöne Pfarrkirche und ist unweit davon eine Probstey, worinn etwelche Benediktiner, welche diese Pfarrey nebst noch andern unweit davon befindlichen Pfarreyen (**) versehen, von dem Kloster Prüfening in Baiern befindlich sind. Unweit des Pflegers Behausung im Hofe stehet ein hoher Thurn.

(*) Siehe ebenfalls Hofmark Regendorf.
(**) Dergleichen sind Schambach, Markt Painten, Neukirchen ꝛc.

Merian meldet in seiner Topographia Palat. Bav. pag. 33., daß Hemau (wie in einem geschriebenen Bericht stehet) Anno 1376 um 12000 Gulden verkaufet worden, und dem Hanns von Schwelus, heim zuständig gewesen wäre.

Bis hieher hat Placidus Zuckmann der 57te Abt zu St. Emmeram in Regensburg, von Statt am Hof gebürtig, den nach Osnabrück reisenden Kardinal und Bischof zu Regensburg Franz Wilhelm Grafen von Wartenberg begleitet, wo ihm eine große Hitze ankam, und er bald darauf den 15ten May im 16ten Säculo starb. Cœlestinus Ord. S. Bened. Mausol. Antiq. S. Emmerami Cap. 59. pag. 290. Joseph Anton Aettenkhover in seiner Geschichte der Herzoge in Baiern pag. 225 sagt, daß Hemau durch den Pavilschen Vertrag an Baiern gekommen sey. Im 1505ten Jahr wurde sie zu dem Herzogthum Neuburg geschlagen. Der Boden in dieser Gegend herum ist nicht gar zu fett und es giebt dabey nicht zu viele Wiesen. Da kehret der von Neuburg aus alle Montage jeder Woche kommende und am Mittwoch wieder abgehende sogenannte fahrende Neuburgische Nordgauer Bot ein, und von da aus holen die andere Boten die aufhabenden Sachen ab.

Etwan anderthalbe Stund von Hemau stehet auf einem hohen Berge eine schöne und große Kirche zu Ehren der heiligen Dreyfaltigkeit erbauet. Es wird der Eichelberg genannt, weil zuvor Eichbäume darauf gestanden. Dabey ist eine große Wallfahrt zu der heiligen Dreyfaltigkeit mit einem Priester, Meßner und Wirthshaus befindlich. Ein Director samt einem Kaplan aus dem Weltpriester-Stand ist dermalen allda. Zu Ende des vorigen Säculums kam diese Wallfahrt durch eine Meßnerin zu Neukirchen Lutzln mittelst göttlicher Eingebung auf, wie in den dabey befindlichen Documenten zu ersehen ist. Phillipp Wilhelm Churfürst zu Pfalz und die Land-

ad Stück 147.

Berichtigungen
Aus den Regesten über das Vorkommen von Reisach
Angaben über Obermedlingen in seiner Beschreibung des Herzogthums Neuburg vom Jahre
1780.

1.
Herr Reisach glaubt nachläufig, das Dominikaner
Nonnenkloster in Obermedlingen sey schon zur
Errichtung des Predigen Ordens entstanden, —
nach den Regesten aber wurde nicht zu Obermedlingen sondern in Medingen ein Frauen Kloster
Augustiner Ordens im Jahre 1245. gestiftet und
im nemlichen Jahre vom Pabst Innocenz IV. be-
stätigt und dem Predigen Orden quoad spiritualia
untergeordnet.

2.
Dieses Frauen Kloster hat nicht Hartmann Bischof
von Augsburg und Graf von Villingen, sondern sein
Vater Hartmann Graf von Villingen gestiftet, als

seine geistlichen Söhne Hartmann noch nicht Bischof war,) sondern als Ritter mit seinen Brüdern Albert und Ludwig in seiner Vaters Verhandlungs Urkunde des gestifteten Klosters über das Patronat der Pfarr zu Mödingen unter den Zeugen aufgeführt wurde.

3.

Nächstdem ist Wahrscheinlich daß ein Pabst Clemens der Mödingerin im Jahre 1265. öffentlichen 15. Dominikaner Ordens Schwestern zur Errichtung der Vereinung einnehmen zu dürfen — dieß ist höchst unrichtig. Denn schon im Jahre 1260. ward zu Mödingen ein filial Kloster für die Schwestern in M[ö]dingen wegen ihrer großen Anzahl aufgerichtet und im Jahre 1064. nicht von einem Pabst Clemens sondern vom Pabst Urban IV. zuerst bestättigt.

4.

Albrecht der Ehe von Haimingen (Haimingen) war der Stifter des filial Klosters in Mödingen

aber nicht im Jahr 1266. wie Reisach angiebt, sondern
schon i. J. 1260 ... dem ... den ... Schwestern Congreg ...
des V. ... Medingen mit dem Gute ... es ist über
die Ehe ... ... einen Hof zu Schwenweiler, Güter
in ... einen Hof in ... und einen
Hof in ... nicht also ein bloßer Meyerhof zu Mödlingen zu sein.

5.

Ganz irrig ist Reisach, wenn er sagt, daß das filial Cluster
und das ... Cluster zu Maria Medingen sey,
denn zu Medingen war eben das ... Cluster, zu
Mödlingen aber das ... von ... zu ...
... filial ... Cluster. B. Reisach vermischt
beyde Orte Medingen und Mödlingen mehrfach.

6.

... Schluß des 13.ten Jahr... ... bestanden noch Me-
dingen und Mödlingen als ... Cluster, die
Umwandlung des letzteren in ein Dominikaner
... Cluster ist also erst in ... erfolgt.
München den 23.ten Decemb. 1815.
Bihringer p. u. D.

Landschaft des Herzogthums Neuburg, dann ein Herr von Parsberg, ingleichen die nahe liegende Dörfer halfen nach dem Zeugniß
der Documenten getreulich hierzu, siehe davon auch bey dem Markt
Parsberg.

Obermöblingen.

Ein herrliches Mannskloster aus dem Orden des heiligen Dominicus in dem Bisthum Augsburg, dem Pflegamt Gundelfingen.
Der Bau ist ansehnlich, ingleichen ist auch die Kirche schön gebauet.
Crusius Lib. 11. Part. 2. Cap. 10. Annal. Suevic. schreibt, daß man
dafür gehalten, daß dieses Kloster schon vor Errichtung des Prediger-
Ordens gestanden sey. P. 3. Lib. 2. Cap. 10. sagt er auch, daß solches
von Hartmann Bischof zu Augsburg dem letzten Grafen von Dillingen gestiftet worden. Er soll es diesem Orden übergeben haben. Zuvor sollen büßende Schwestern unter der Regel des heiligen Augustinus allda gewesen seyn, deren Anzahl so sehr zugenommen, daß weder Raum übrig, noch die Nahrungsmittel erklecklich gewesen.

Pabst Clemens (ist aber nicht angeführet der wie vielte) soll
den Möblingern Anno 1265 erlaubet haben, daß sie 15 Dominicaner-
Ordens-Schwestern zur Erleichterung der Sammlung einnehmen
dürfen. Hernach soll den Schwestern der Freyherr von Faimingen
seinen Meyerhof zu Möblingen mit aller Zugehör Anno 1266
hergeschenket, darauf das Kloster erbauet, und in solches funfzehn
Schwestern von Möblingen gethan haben, zu welchen sich nachgehends noch mehrere und viele zwar vom Adel begeben haben. Ma-
rian. Topograph. Palat. Bavar. pag. 127. Anh. pag. 221. und dieß letzte
Kloster wird das Frauen-Kloster zu Maria Medingen seyn. Der
Pater Prior des Klosters ist zugleich geistlicher Landstand des Herzogthums

thums Neuburg, wie dann derselbe bey dem lezten gehaltenen engern Ausschuß oder Landtag im Namen des Prälaten-Standes erschienen ist. Dieß Kloster bräuet sehr gutes Gerstenbier und hat auch sehr guten Getreidboden.

Oberbechingen.

Eine Hofmark mit einem Schloß und Bräuhaus in dem Bisthum Augsburg, dem Pflegamt Laugingen etwan eine Stund davon. Den Pfarrer präsentirt der Innhaber dieser Hofmark. Die alte Familie der Tänzel Freyherrn von Trazberg besitzen es schon lange Zeit. Nunmehr ist davon Franz Karl Tänzel Freyherr von Trazberg Besitzer, Pfleger zu Laugingen. Es ist dabey ein guter Getreidboden.

Schlachteck.

Eine Hofmark mit einem Schloß in dem Bisthum Augsburg, dem Pflegamt Gundelfingen und dessen Pfarrey gar nicht weit von Gundelfingen. Herr Beckero besaß es. Franz von Tautpheus, Neuburgischer geheimer Rath und Landvogtamts-Administrator zu Höchstätt ist dermalen davon Besitzer. Sie hat sehr guten Feldgrund.

Amerfeld.

Eine Hofmark mit einem Schloß in dem Bisthum Eichstätt, dem Pflegamt Monnheim. Den Pfarrer präsentirt das Reichsstift Kaisersheim Ord. S. Bernard. welches auch davon Besitzer ist, und allda einen Beamten hat. Es ist dabey ein guter Getreidwachs.

Gosheim.

Eine Hofmark mit einer Bewohnung in dem Bisthum Eichstätt, dem Pflegamt Monnheim. Allda befindet sich ein Pfarrer, welchen das Seminarium Literatorum S. Crucis zu Neuburg präsentirt. Es besitzet solche eben gemeldtes Seminarium und hat allhier einen Richter. In diesem Bezirke bringet die Erde gutes Getreid.

Okermühl.

Eine Hofmark oder vielmehr ein adelicher Sitz, samt einer Getreidmühl in dem Bisthum Augsburg, dem Landvogtamt Neuburg und der Pfarrey Burkheim an einem Bächlein. Die Familie derer von Kreitt sollen solches in Besitz gehabt haben. Joseph von Silbermann (*) ist dermalen davon Besitzer. In dieser Gegend giebt es gute Wiesen.

Trugenhofen.

Eine Hofmark mit einem Schloß und Bräuhaus in dem Bisthum Augsburg und dem Pflegamt Monnheim an der Usel. Den Pfarrer dabey präsentirt die Hofmarks-Herrschaft allda. Vor Zeiten gab es eine besondere Familie, die sich von Trugenhofen schrieben, wie dann Rueland von und zu Trugenhofen bey dem Pfalzgrafen Philipp Ludwig Frauenzimmer-Hofmeister war, und denselben zu dem in Augsburg Anno 1582 gehaltenen Reichstag begleitet hat. Fleischmanns Descript. dieses gehaltenen Reichstags pag. 67.

(*) Siehe den adelichen Sitz zu Burkheim.

Nunmehro besitzen solche die Freyherren von Jselbachischen Erben. (*)
Sie hat sehr guten Getreidboden.

Schmidtmühlen.

Ein Markt in dem Bisthum Regensburg, dem Landrichter-Amt Burglengenfeld an der Vils und Lauterach, worüber Brücken erbauet sind, im Nordgau. (**) Es gehet auch die Strasse nach Amberg hier durch, und ist sonst ein schöner Marktflecken. Dahier wächst sehr viel Hopfen, der dem böhmischen ziemlich gleichet und fast eben so gut ist, und weit und breit verführet wird. In diesem Orte ist eine schöne Pfarrkirche, darinn liegt Julius Cäsar Visconti Pfleger zu Bielenhofen begraben, wovon das mehrere bey dem Kloster Bielenhofen zu lesen ist. Den Pfarrer präsentirt die Landes-Herrschaft. Joseph Felsner erbauete dahier im Jahre 1755. eine schöne Fabrik, worinn er Tobak-Dosen von verschiedener Art machet, auch weit und breit verkaufet, und darzu erbauete er ein grosses Gebäu. Dabey haben viele Leute ihre Nahrung. Obschon diese Fabrik bey den harten Zeiten etwas in Abgang gekommen, so fängt sie doch schon ziemlich wieder an, ihren vorigen Flor zu erlangen. Eben dieser Felsner erbauete auch ausserhalb den Markt ein anderes grosses

(*) Siehe Hofmark Bertolzheim.
(**) Auf dieser Vils fährt alle Jahre eine ordentliche Salz-Schiffahrt von der Ober-Pfälzischen Churfürstlichen Hauptstadt Amberg nach Regensburg und führet von da aus viele Salzscheiben nach Amberg, wo es nachgehends in weitere Länder auf der Ise verführet wird. Es geschiehet im Frühjahre und Sommer, dann auch im Herbst alle Wochen einmal. Diese Salz Schiffahrt ist dem Landesherrn selbst zuständig, wie dann wegen solcher mit dem Herzogthum Neuburg besonders errichtete Verträge vorhanden sind; die Lauterach fällt dahier in die Vils.

großes Gebäu, welches sowohl von aussen als inwendig sehr schön aussiehet und sehr wohl meubliret ist. Er besitzet noch dabey eine Ziegelhütte. Die von Wispachische Erben besitzen darinn ein schönes adeliches Schlössel, wobey eine Mahlmühl und ein schöner Eisenhammer, dann auch eine Papiermühl und Feldbau sich befindet. Hanns Georg Knorr auf Pilsheim besaß solche Stücke im 1604ten Jahre, wo er bey dem dazumal gewaltigen Landrichteramt zu Burglengenfeld Assessor war. In diesem Markt ist noch ein besonderes adeliches Schlössel mit einem Feldbau. Die alte Familie derer von Spirink waren davon Besitzer. Dermalen besitzet solches das adeliche Reichsstift Niedermünster in Regensburg. Schmidtmühlen, von Aettenkhover in seiner Baierischen Geschichte pag. 224 Hundmühlen genannt, kam durch den Paviischen Vertrag an Baiern. Jos. Anton Aettenkhover in seiner Geschichte der Herzoge in Baiern pag. 224. Durch den Köllner Ausspruch aber an das hohe Pfalz-Neuburgische Haus.

Albert der 38te Abt zu St. Emmeram in Regensburg, welcher sich im Jahre 1326 von der Bischöflichen Jurisdiction eximirte, und von dem Kaiser Karl Anno 1354 schöne Privilegia confirmiret erhielt, auch ihn von Stephan dem ältern Herzogen in Baiern, dann von Ludwig Markgrafen zu Brandenburg und Herzog in Baiern, beeden Söhnen des Kaisers Ludwigs, im Jahre 1348 eines Fürsten-Prädicat zu Theil wurde, ist allhier gebohren. Er verschied nach einer 31 jährigen und 6 monathlichen sehr löblichen Regierung Ao. 1358. — Coelestinus Abbas Ord. S. Bened. Mausol. Antiq. S. Emmerami Cap. 47. pag. 171. seqq.

Im Jahre 1703 soll nicht weit von Schmidtmühlen ein blutiges Treffen vorbeygegangen, und Maximilian Churfürst in Baiern selbst dabey gewesen, auch der Markgraf von Anspach tod geblieben seyn.

seyn. Anselmus Desing Ord. S. Bened. in seinen Auxil. Historic. P. 3. pag. 910. Freyherr von Weitenau Pfalz-Neuburgischer Landschafts-Kanzler meldet in seinem Compendio Scient. & Erudit. omnig. und vorausgesezter Dedication, daß diese Schlacht im 1704ten Jahre geschehen, und sein Vater diesen Churfürsten aus der größten Gefahr erlediget habe. Diese Gegend hat guten Getreidwachs und viele Wiesen.

Pilsheim.

Eine Hofmark ohne Schloß in dem Bisthum Regensburg, dem Landrichteramt Burglengenfeld, der Pfarrey Pilshoven im Nordgau. Die von Vispachische Erben besitzen es. Zuvor waren dessen Innhaber die von Knorr. (*) Der Grund dabey ist nicht schlecht.

Puppach.

Eine Hofmark ohne Schloß in dem Bisthum Regensburg, dem Landrichteramt Burglengenfeld und der Pfarrey Wiffersdorf an der Naab im Nordgau. Dabey ist eine Filial-Kirche zu der Pfarrey Wiffersdorf. Die von Vispachische Erben besitzen solches. (**) Der Grund ist ziemlich gut. (***)

Men=

(*) Siehe Hofmark Pilsheim.
(**) Siehe das adeliche Schlößel zu Schmidtmühlen.
(***) Vor Zeiten soll allhier ein Pfarrer gewesen seyn.

Mendorferbuch.

Eine Hofmark mit einem Schloß in dem Bisthum Regensburg, dem Landrichteramt Burglengenfeld und der Pfarrey Alarkhausen im Nordgau. Die von Reitz besitzen solches schon lange Zeit, sind auch bis dato noch Besitzer davon. Allhier findet man guten Getreidboden und viele Waldungen. Hanns Christoph von Lichow, welcher bey dem Anno 1604 in Burglengenfeld und Caumünz gehaltenen Landgericht Beysitzer war, hatte es auch innen.

Winnbuch.

Eine Hofmark mit einem Schloß in dem Bisthum Regensburg, dem Landrichteramt Burglengenfeld und der Pfarrey Vilshofen im Nordgau. Die von Hauiner, Walsab, Seidlitz und Rumel besaßen es. Nunmehr ist Besitzer davon Siegfried Teufel von Birkensee. Die Kirche allda ist eine Filial-Kirche zu der Pfarrey Vilshoven. Auf einer Anhöhe ist dessen Lage, dabey trift man einen fruchtbaren Getreidboden samt schönen Holzwachs an.

Allersburg.

Eine Hofmark mit einem Schloß in dem Bisthum Regensburg, dem Landrichteramt Burglengenfeld und der Pfarrey Allersburg im Nordgau. Den Pfarrer präsentirt der Fürst und Bischof zu Regensburg. Es liegt an der Lauterach. Die Freyherren von Gise besitzen solches schon viele Jahre. Philipp Freyherr von Gise ist der dermalige Besitzer davon. (*) Der Grund trägt gutes Getreid,

(*) Siehe die Herrschaft Luzmanstein.

treid, ingleichen gehören schöne Wiesen darzu. Die Unterthanen dabey sind vermischt, wovon einige zu dem Fürst-Bischöfl. Regensburgischen Pflegamt Stochenburg und einige zu der alten Pfälzischen Hofmark Haimhof gehörig sind.

Kirchenebenhart.

Eine Hofmark mit einem Schloß in dem Bisthum Regensburg, dem Landrichteramt Burglengenfeld und der Pfarrey Dieteldorf im Nordgau. Die Kirche allda ist eine Filial-Kirche zu der Pfarrey Dieteldorf. Wolf von Bertolzhofen besaß solches. Die von Löbl und Fachbach waren auch davon Besitzer. Nunmehr ist diese Hofmark dem Karl von Fachbach zugehörig. Sie hat guten Getreidboden, auch etwas von Holzwachs.

Emhofen.

Eine Hofmark mit einem Schloß und Ziegelhütten in dem Bisthum Regensburg, dem Landrichteramt Burglengenfeld und der Pfarrey Dieteldorf im Nordgau an der Ils. Dabey stehet ein alter hoher Thurn und eine kleine Kirche. Tobias Herstenzki von Herstein und Wellhartig, welcher Anno 1616 das Landmarschall-Amt dieses Herzogthums betrat, war davon Besitzer, ingleichen die von Maffei de la sera. Der nunmehrige Besitzer davon ist Johann Nepomuck Freyherr von Rummel auf Zell ꝛc. Ambergischer wirklicher Regierungsrath und Pfalz-Baierischer Kammerherr. Darbey ist guter Getreidboden, Wiesen und Holzwachs. (°)

Diedel-

(°) Etwan eine Viertelstund davon liegt ein Dörfel Pettenhofen genannt, wo ein Amts-Förster wohnet. Darinn soll vor Zeiten ein Eisenhammer gewesen seyn.

Dietelborf.

Eine Hofmark mit einem Schloß und Bräuhaus, dann Waſſenhammer und Mahlmühl in dem Bisthum Regensburg, dem Landrichteramt Burglengenfeld im Nordgau an der Vils, worüber eine Brücke gebauet. Auf dem Berge stehet eine schöne Pfarr-Kirche. Den Pfarrer präsentirt der Innhaber dieser Hofmark. Das Schloß ist ziemlich groß gebauet. Die von Cronacher (wie dann Cronacher zu Dietelborf bey dem im Jahre 1614 gehaltenen Landrichteramt zu Burglengenfeld als Assessor gelesen wird) besaßen es. Die altadeliche Freyherren der Tänzel von Trazberg sind schon lange Zeit Besitzer davon und dermalen besitzet solches Karl Hector Tänzel Freyherr von Trazberg, Churpfälzisch-Baierischer Kammerherr. Dieselbe hat guten Getreidboden, Wiesen und Gehölz. Unweit Dietelborf ist ein zu der Hofmarks-Herrschaft gehöriger Steinbruch von weissen Marmor ersichtlich, welcher, fein polirt, sehr gut aussiehet, daraus können verschiedene Stücke gemacht werden.

Rohrbach.

Eine Hofmark mit einem Schloß und Bräuhaus, dann einer Getreidmühl in dem Bisthum Regensburg, dem Landrichter-Amt Burglengenfeld und der Pfarrey Dietelborf an der Lauterach, worinn schöne Forellen gefangen werden, unweit der Vils, worüber eine Brücke errichtet, im Nordgau. Vor Zeiten ist allda ein Eisenhammer gestanden. Dabey ist eine Kirche, und unweit davon stehet noch ein kleines Kirchlein auf dem Berge zu Ehren der Mutter Gottes erbauet, worinn schon viele Wunder geschehen sind. Die alte Familie der von Sauerzapf besassen solches sehr viele Jahre. Die Stettner von Grabenhof Gebrüder, und Karl von Pful, Würtenbergischer General besaßen es auch. Ferdinand Freyherr von Andrian Chur-Cöllnischer Kammerherr und Pfalzbaierischer Obrist-Lieutenant hat es nunmehr im Besitz.

Vor Zeiten lebte eine Familie von Rohrbach, so bey vielen alten Urkunden als Gezeugen gefunden werden und zweifelsohne auch Besitzer davon gewesen werden seyn. Diese Hofmark bauet gutes Getreid, hat schöne Wiesen und beträchtliches Gehölz von verschiedenen Sorten.

Traitendorf.

Eine Hofmark mit einem Schloß und Bräuhaus, worinn aber dermalen nicht gebräuet wird, in dem Bisthum Regensburg, dem Landrichteramt Burglengenfeld und der Pfarrey Calmünz an der Vils, worüber eine Brücke gehet, im Nordgau.

Vor Zeiten war dabey ein Eisenhammer, nunmehr wird derselbe wieder erbauet. Sie hatten eine Kirche dem heiligen Leonard eingeweihet. Wolf von Bertolzhofen und seine Familie besassen solches. Die Tänzel Freyherren von Trazberg und die von Gugl waren auch davon Besitzer. Karl Ferdinand Freyherr von Andriana, Churcöllnischer Kammerherr und Obrist-Lieutenant bey dem Churpfälzisch-Baierischen Graf Wallischen Dragoner-Regiment besitzet es dermalen. Es ist mit gutem Feldbau, schönen Wiesen und Holzwachs versehen.

Rei-

Reichertzhofen.

Ein Markt mit einem Schloß in dem Bisthum Augsburg und dem Pflegamt gleiches Namens an der Paar und der Landstrasse nach München. Darinn stehet eine schöne Pfarrkirche, den Pfarrer präsentirt die Landes-Herrschaft. Aventin in seiner Baierischen Chronik Lib. 7. pag. 474 meldet, daß die von Rohrbeck Reichertzhofen um den Kaltenberg an die Fürsten in Baiern vertauschet hätten, folglich müssen die von Rohrbecken denselben auch im Besitz gehabt haben. (*) Benannter Markt ward von dem Herzog Heinrich von Landshut im Kriege wider den Herzog von Bart zu Ingolstadt eingenommen und verbrennt. Aventin in seiner Baierischen Chronik Lib. 8. pag. 516. Durch den Pavischen Vertrag kam solcher an Baiern, (**) und Anno 1505 gelangte er an das Herzogthum Neuburg. Man bräuet allda gutes braunes Bier. Der Getreidboden ist dabey sehr gut, und hat auch Wiesen. Uebrigens liegt er nahe an der Baierischen Gränze.

Stockau.

Eine Hofmarkt mit einem Schloß und einer schönen Papiermühl in dem Bisthum Augsburg, dem Pflegamt Reichertzhofen und eben der Pfarrey an der Paar und Landstrasse nach München. Im Jahre 1579 besaß dieselbe Caspar Grübel, welcher Landschafts-Commissa-

---

(*) Nach dem Zeugniß des Joh. Haid in seiner Geschichte von Baiern vom Otto I. 1180 bis 1778. pag. 32. hat der Herzog Stephan in Baiern Reichertzhofen von denen von Preising im Jahre 1405 erkaufet.

(**) Joseph Anton Aettenkhover in seiner Geschichte der Herzoge in Baiern pag. 222.

miſſarius zu Neuburg war, wovon mehrere dieſes Namens ſolche beſaßen. Ein Sandrart, ſo ein ſehr künſtlicher Maler war, und die von Meyer ſollen auch davon Beſitzer geweſen ſeyn. Nunmehro iſt dieſe Hofmarkt dem Exjeſuiten-Kollegio zu Ingolſtadt zuſtändig. Vor Zeiten ſollen die Jeſuiten ihre Provinz-Conſultationen allda gehalten haben. Der Getreidboden ſamt den Wieſen iſt gut.

Gnadenfeld.

Eine Hofmarkt, oder vielmehr ein adelicher Sitz mit einem Schlöſſel in dem Bisthum Augsburg, dem Landvogtamt Neuburg und der Pfarrey Wagenhofen, etwan eine halbe Stund von Neuburg. Gar nicht weit davon iſt eine Kapelle mit vielen Votiv-Tafeln ausgezieret, der heiligen Mutter Gottes gewiedmet. Die Schwabiſche Relicten beſitzen ſolches. Dabey iſt ein guter Feldbau.

Ottingen.

Eine Hofmarkt mit einem Schloß und Bräuhaus in dem Bisthum Eichſtätt, dem Pflegamt Monnheim. Ein Pfarrer wohnet allda, welchen die Hofmarkts-Herrſchaft präſentirt. Hanns Otto Heinrich von Wending, welcher im Jahre 1594 Landmarſchall-Amtsverwalter dieſes Herzogthums war, hatte ſolches in Beſitz. Die alte Familie von Weſternach war auch Beſitzer davon. Maximilian Karl Freyherr von Rechlingen iſt dermalen davon Beſitzer. (*) Dabey wächſt gutes Getreid.

Fünf-

(*) Von dieſem alten Geſchlechte führet Aettenkhover in ſeiner kurz gefaßten Geſchichte der Herzoge in Baiern Berchtold von Rechlingen

Fünfstetten.

Eine Hofmark mit einem Schloß in dem Bisthum Eichstätt, dem Pflegamt Monnheim. Darinn befindet sich ein Pfarrer, welchen der teutsche Orden präsentirt. Otto Heinrich von Wending war davon Besitzer. (*) Die alte Familie der Späth von Zwiefalten hatte solches auch im Besitz. Dermalen ist davon Besitzer Karl Maximilian Freyherr von Rechlingen. (**) An diesem Ort ist auch ein guter Getreidboden.

Natterholz.

Eine Hofmark mit einem neu erbauten Schloß in dem Bisthum Eichstätt, dem Pflegamt Monnheim und der Pfarrey Tailting. Dabey ist eine Kirche, die eine Filial zur ernannten Pfarrey ist. Die von Brocho waren davon nebst den Freyherren von Jselbach Besitzer. Jacob Freyherr von Borie zu Schönbach, Pfalz-Neuburgischer geheimer Rath und Regierungs-Präsident zu Neuburg besaß es auch. Nunmehr ist der Reichsgraf von Prezenheim davon Besitzer. Auf den Feldern siehet man ziemlich vieles Getreid.

Gundelsheim.

Eine Hofmark (jedoch ohne Schloß) in dem Bisthum Eichstätt, dem Pflegamt Monnheim. Ein Pfarrer hat dahier seine

X 2   Woh-

lingen bey dem im Jahre 1310. zwischen dem Herzog Rudolph und Herzog Ludwig in Baiern von dem Kaiser errichteten Theilbrief als darbey erkiesten Schiedsrichter pag. 207 an.

(*) Siehe die Hofmark Ottingen.
(**) Siehe ebenfalls die Hofmark Ottingen.

Wohnung. Der Innhaber dieser Hofmarkt präsentirt ihn. Johann Karl Graf von Fugger von Norndorf besitzet es dermalen. Der Grund dabey ist mittelmäßig.

Mohren.

Eine Herrschaft mit einem Schloß und Bräuhaus in dem Bisthum Eichstätt, dem Pflegamt Monnheim. Allda hält sich auch ein Pfarrer auf, welcher von dem Innhaber dieser Herrschaft präsentirt wird. Das Schloß ist groß, auch wohl gebauet und liegt auf einem Berg. Die hohe Jagdbarkeit behauptet dieselbe. Die alte Familie der Grafen von Fugger zu Norndorf, und zwar Johann Karl Graf Fugger zu Norndorf hat es dermalen in Besitz. (*) Diese Herrschaft hat guten Feldbau, dann beträchtliches Gehölz samt einer Schäferey. Im Thal bey dem Dorf fließt ein Bächlein, welches etwelche Mühlen treibet.

Kuntzstein.

Ein Landesherrliches Dorf mit einem Schloß, worinn der Pfleger wohnet, in dem Bisthum Augsburg und der Pfarrey Welchaim an der Schmutter. Der dermalige Pfleger Freyherr von Leoprechting erbaute dahier mit Genehmhaltung der Landes-Herrschaft ein Bräuhaus, worinn sehr gutes braunes Bier gebräuet wird. Allda stehet noch ein altes mit einem Graben umgebenes Schloß, welches aber ziemlich eingegangen, und darinn ist ein guter Keller. Vor Zeiten bewohnten dieses selbst berühmte Herren, die sich auch Herren zu Kuntzstein schrieben. Die Leininger besaßen es auch, wie dann
nach

(*) Siehe Gundelsheim.

nach dem Zeugniß des Johann Haid in seiner Geschichte von Baiern von Otto dem I. 1180. bis 1778. pag. 72. Stephan der Herzog in Baiern die Veste Kunzstein von Seiz dem Leininger im Jahre 1405 erkauffte.

Sicolinus Schenk von Reicheneeg, welcher im Jahre 1155 Vogt und Schutzherr des Nonnenklosters Ord. S. Bened. war, besaß das nicht weit davon befindlich gewesene Schloß Altenstein, welches wohl Kuntzstein seyn wird, denn man findet in dasiger Gegend kein Altenstein mehr. (*) In der Anno 1392 zwischen Stephan, Friederich und Johann Gebrüdern, Herzogen in Baiern gemachten Vertheilung wurde Kuntzstein dem Herzog Stephan eingeraumet. Joseph Anton Aettenkhover in seiner Geschichte der Herzoge in Baiern pag. 295. wo Kuntzstein Thunstein genennet wird. Pareus Histor. Palat. Bav. Lib. 2. Sect. 4. pag. 88. Durch den Pavlischen Vertrag wurde solches dem Herzogthum Neuburg einverleibet. Es hat guten Feldbau und Wiesen. Darinn ist eine schöne Glashütte, wo verschiedenes Glas gemachet wird.

Hennenweidach.

Eine Hofmarkt oder vielmehr ein adelischer Sitz in dem Bisthum Augsburg, dem Landvogtamt Neuburg und der Pfarrey Ried. Christoph Freyherr von Weveld ist dermalen davon Besitzer. (**) Der Feldbau dabey ist wegen seiner Güte berühmt.

Stauffen.

(*) Siehe Bergen.
(**) Siehe Hofmarkt Einningen.

Stauffen.

Eine Hofmarkt mit einem wohlgebauten Schloß und Bräuhaus in dem Bisthum Augsburg und dem Landvogtamt Höchstätt. Den Pfarrer präsentirt der Hofmarkts-Innhaber. Die alte Familie der Schertel von Burtenbach hatten sie viele Jahre im Besitze: Freyherr von Hornstein ist der dermalige Besitzer. Allda findet man guten Grund.

Velbmühl und Gögelberg.

Sind zwey Hofmärkte, oder adeliche Sitze in dem Bisthum Augsburg, dem Landvogtamt Neuburg und der Pfarrey Hüting an der Schmutter. Die Freyherren von Müller schreiben sich schon lang Besitzer davon. Nunmehro ist Karl Freyherr von Müller, Pfalz-Neuburgischer geheimer Rath und wirklicher Regierungs-Rath davon Besitzer, jedoch ist kein Schloß dabey. Das Erdreich läßt sich gut nennen.

Kürn.

Eine Herrschaft mit einem großen Schloß auf einem hohen Berg, wo man fast das ganze Nordgau übersiehet, dann einem Bräuhaus in dem Bisthum Regensburg, dem Pflegamt Regenstauf und der Pfarrey Pettenreith im Nordgau. Die Landstrasse nach Böhmen gehet hier durch, wie auch allda eine Post ist. Das Schloß ist wohl gebauet und man gehet über eine Brücke hinein, im Schloß ist eine Kirche und dabey ein hoher Thurn. Karl Georg Freyherr von Stingelheim, der vormalige Besitzer dieser Herrschaft stiftete dahier ein Beneficium, welches auch dieses adeliche Geschlecht

zu

zu vergeben hat. Dietrich Kurner von der Kürn besaß solches schon Anno 1366. Die von Paulsdorf waren auch davon Besitzer; nämlich Wilhelm Paulsdorfer Anno 1425. und der Besitz verblieb lang bey dieser Familie. Karl Freyherr von Stingelheim, Churpfälzisch-Baierischer Kammerherr, Neuburgischer geheimer Rath und Churpfälzischer wirklicher Hofgerichts-Rath, ist der dermalige Besitzer davon. Diese Herrschaft geniesset die hohe Jagdbarkeit. Der Grund ist mittelmäßig, es sind viele Wiesen und Holzwachs dabey.

Bernardswald.

Eine Hofmarkt mit einem Schloß und Bräuhaus in dem Bistum Regensburg, dem Pflegamt Regenstauf und der Pfarrey Pettenreith im Nordgau. Darinn ist eine Gränitz-Mauth errichtet. Im Jahre 1504 wurden die Böhmischen Hülfstrouppen des Churfürsten Philipp von der Pfalz von dem Kaiser Maximilian und Herzog Albert in Baiern in dasiger Gegend geschlagen. Merian Histor. Palat. pag. 87. Cœlestinus Abbas Mausol. Antiq. S. Emmer. Cap. 53. pag. 211.

Diese Hofmarkt wurde Anno 1425 von Ulrich Teuerling im Besitz genommen, und diese Familie blieb lang in dessen Besitz. Hanns Nothhaft und dieses alte adeliche Haus zählte solches schon Anno 1582 unter ihre Güter. Nunmehro ist dessen Inhaber Freyherr von Stingelheim auf Schönberg und Wenzenbach, Churbaierischer Kammerherr und wirklicher Regierungs-Rath zu Straubing, dann des heiligen Georgius Ordens-Ritter. Der Grund ist mittelmäßig.

Haugendorf.

Eine Hofmarkt mit einem Schloß und Bräuhaus in dem Bisthum Regensburg, dem Pflegamt Regenstauf und der Pfarrey Pettenreith im Nordgau. Allda stehet eine Kirche. Heinrich Haugendorfer zu Haugendorf Anno 1355. und dieses alte Geschlecht waren lange Zeit Besitzer davon. Im Jahre 1514 hatte gedachte Hofmarkt Hanns Wallrab innen, und diese Familie besaß dieselbe ebenfalls lang. Die Freyherren von Sickenhausen waren auch davon Besitzer. Ignatius Philipp Freyherr von Asch zu Asch besitzet es bis dato. Der Feldgrund ist gut.

Hakenberg.

Eine Hofmarkt mit einem Schloß und Bräuhaus in dem Bisthum Regensburg, dem Pflegamt Regenstauf und der Pfarrey Pettenreith an den Gränzen der obern Pfalz im Nordgau. Die von Prekendorf, welche zu Neukirchen unweit davon Epitaphia haben, und die von Horst hatten solches im Besitz. Die dermalige Innhaberinnen sind zwey Fräulein von Koefel. Der Boden dabey ist ziemlich gut.

Wolfersdorf.

Eine Hofmarkt mit einem Schloß in dem Bisthum Regensburg, dem Pflegamt Regenstauf und der Pfarrey Pettenreith im Nordgau. Die Landstrasse nach Böhmen ist nicht weit davon und hat allda eine Gränitz-Mauth. Nicht gar zu weit von dem Mauthhause stehet ein Gränitzstein, welcher dieß Land von der obern Pfalz scheidet. Die alte Familie der Wallraben hatte solches im Besitz,

auch

auch Hanns Wallrab Pfleger zu Laaber war davon Besitzer. Denen von Gougl zu Brandt war selbige viele Jahre eigen. Jacob Freyherr von Schneid, Churbaierischer wirklicher Hofrath und Fürstlich Thurn und Taxischer geheimer Rath besitzet solches dermalen. Der Grund ist mittelmäßig, und gehöret etwas von Wiesen und Holzwachs darzu.

Erlbach.

Eine Hofmarkt ohne Schloß in dem Bisthum Regensburg, dem Pflegamt Regenstauf und der Pfarrey Pettenreith im Nordgau, an einem Bächlein, welches eine Mühl treibet. Diese gehörte sonst allzeit zu Wolfersdorf. Jacob Freyherr von Schneid schreibt sich Besitzer davon. (*) Der Grund ist weder der beste noch der schlechteste.

Klapfenberg.

Eine Hofmarkt mit einem Schloß in dem Bisthum Regensburg, dem Pflegamt Regenstauf und der Pfarrey Klhberg im Nordgau, an den Gränzen der obern Pfalz, etwan etliche Büchsenschuß von dem Gränitz-Marktstein. Die von Boisel und von Horneck zu Hornberg waren davon Besitzer. Die Freyherren von Seibelsdorfische Erben haben solches dermalen im Besitz. Der Boden ist nicht gar gut, hingegen werden viele Wiesen und Holzwachs darzu gezählet.

Y   Laaber.

(*) Siehe Hofmarkt Wolfersdorf.

Laaber.

Ein Markt mit einem Schloß, worinn der Pfleger wohnet, in dem Bisthum Regensburg und eben dem Pflegamt Laaber an der Laaber, worüber eine Brücke gehet, im Nordgau zwischen zween Bergen. Das Schloß, worein man über eine Brücke gehet, liegt auf einem Berg, und übersiehet man den ganzen Markt von da aus. Die Pfarrkirche daselbst ist schön. Den Pfarrer ernennet die Landes-Herrschaft. Vor Zeiten besassen diesen samt der Herrschaft besondere Herren und Grafen, die sich von Laaber schrieben, und von den alten Grafen von Scheiern abstammten, wie Aventin Lib. 7. pag. 455 in seiner Baierischen Chronik schreibet. Graf Bernard von Labar, oder Laaber, welches das nämliche ist, waren bey der Leiche und Begräbniß des Herzogs Otto des dritten aus Baiern im Jahre 1183. gegenwärtig. Aventin in seiner Baierischen Chronik Lib. 7. pag. 456. Gundacker und Werner Grafen zu Laaber, halfen wacker zur Stiftung des Klosters der Schotten zu St. Jacob in Regensburg, welches im Jahre 1120 eingeweihet wurde. Aventin in seiner Baierischen Chronik Lib. 6. pag. 445. Cœlestinus Abbas. Mausol. Antiq. S. Emmer. Cap. 40. pag. 134.

Zu Zeiten des Kaisers Sigmund wurde Laaber das Schloß der Herren und Grafen von Laaber dem Herzog Ludwig von Barth zu Ingolstadt zugehörig, von dem Herzog Heinrich von Landshut und seinem Hauptmann Heinrich Nothhaft eingenommen. Aventin Lib. 8. pag. 512. Hadmar der Jüngere von Laaber trat eben zu dieses Kaisers Zeiten mit mehr andern Herren dem mit Herzog Ludwig dem Buckelten zu Ingolstadt eingegangenen Bund bey, siehe bemeldten Aventin Lib. 8. pag. 515. Hadmar von Laaber wollte samt Ulrich dem dritten und Hyppold von Stein Mitvormunder des jungen Herzogs Meinhard in Ober-Baiern, Markgrafen zu Bran-

Brandenburg, auch Herzogen zu Kärnthen und Grafen in Tyrol im Jahre 1361 seyn. Berührter Aventin Lib. 8. pag. 504. Dieser Geschichtschreiber entwarf zu seiner Zeit die Geschlechtsfolge dieser Herren von Laaber, und sagt dabey, daß sie Vögte des Klosters Weldenburg in Baiern gewesen, siehe Tabell 27. Joseph Anton Aettenkhover führet in seiner Geschichte der Herzoge in Baiern pag. 188. Hadmar von Laaber bey dem alten Lehenbrief vom Stift Bamberg um das Truchseßen = Amt der Kirche Bamberg, dann bey dem Fundationsbrief des Klosters Fürstenfeld in Baiern als Gezeugen pag. 205 an. Im ersten Theilbrief der Länder durch des Kaisers Ludwig Söhne vom Jahre 1349. meldet besagter Aettenkhover pag. 267. daß Ludwig Herzog in Baiern, und Markgraf von Brandenburg zu seinem Theil auch etwas von den Gütern der Herren von Laaber genommen, welche Stelle also lautet:

„ Es sollen auch bey uns bleiben die Güter, die der Edelmann
„ Hadmar und Ulrich von Laaber, unsere Getreuen, was sie zu
„ Schwaben habend, mit Falningen, Falkenstein und Steinhart
„ halbes, was zu den Vesten und Gütern gehöret. Und was Sie
„ in dem Rieß habend, halbes mit allen Zugehörden, Rechten, Er=
„ und Nutzen, als Sie dieselbe von Laaber inngehabt haben, und
„ dieselben Veste und Güter soll uns unser vorgenannter Bruder
„ Herzog Stephan von ihm entledigen. — —

Nachdem diese Herren von Laaber gänzlich abstarben, kam Laaber an Baiern, in welchem Jahre dieses aber geschehen sey, davon meldet erst besagter Aettenkhover nichts; auch ob es käuflich oder

Erb=

Erbſchaftsweiſe dahin gelanget, iſt mir dermalen nicht wiſſend. (*) Durch den Paviiſchen Vertrag wurde dieſer Markt zu dem Herzogthum Neuburg geſchlagen.

Unweit deſſelben iſt ein Eiſenhammer, dann eine Getreid- und Pulvermühl. Nicht weit vom Markt ſtehet auch eine Papiermühl. In daſiger Gegend trift man guten Feldbau an, und im daſigen Thale liegen viele Wieſen. Ehe die neue Landſtraſſe über Hemau gemacht wurde, gieng die Landſtraſſe nach Nürnberg hier durch, und war eine Poſt allda.

Enzenberg.

Eine Hofmarkt mit einem Schloß in dem Bisthum Regensburg, dem Pflegamt Laaber und eben der Pfarrey im Nordgau, etwan eine Viertelſtund von Laaber auf einer Anhöhe. Die von Forſter beſaſſen ſolches, und dermalen hat es Ludwig Maria von Peſtaluzza erkaufet, er iſt Neuburgiſcher geheimer Rath und Pfleger zu Hemau. Ein guter Getreidboden liegt dabey, ſamt einer kleinen Kirche. (**)

Lauffenthal.

Eine Hofmarkt mit einem Schloß in dem Bisthum Regensburg, dem Pflegamt Hemau und der Pfarrey Schambach im Nordgau.

(*) Johann Herwart Halb in ſeinen Geſchichten von Baiern von Otto dem I. 1180 bis 1778 meldet pag. 98., daß das Schloß und Markt Laaber an den Herzog Ludwig in Baiern als ein offenes Lehen gefallen ſeye, da man 1463 ſchrieb.

(**) Die von Seyer beſaſſen es auch.

gau. An diesem Orte stehet eine Kirche zu Ehren der heiligen Ottilia erbauet. Die von Daßheim besaßen solche. Johann Nepomuck von Geyer ist der dermalige Besitzer. Diese Hofmarkt ackert guten Boden, hat Holzwachs und liegt im Nordgau.

Kollersried.

Eine Hofmarkt mit einem Schloß in dem Bisthum Regensburg, dem Pflegamt Hemau und der Pfarrey Schambach im Nordgau. Die von Daßheim, ingleichen die von Pfister werden als dessen vormalige Hofmarkts-Herren angegeben. Johann Franz von Merkel ist der dermalige Besitzer davon. Der Boden dabey ist gut.

Herrnried.

Eine Hofmarkt mit einem Schloß in dem Bisthum Regensburg, dem Pflegamt Hemau und der Pfarrey See im Nordgau. Den Freyherren von Müller und von Rummel war diese mentionirte Hofmarkt schon viele Jahre untergeben. Ferdinand Freyherr von Rummel, Pfalz-Neuburgischer geheimer Rath, Vice-Hofkammer-Präsident und Chauffée-Commissarius besitzet solche dermalen. Der Boden ist am Getreide fruchtbar.

Bergstetten.

Eine Hofmarkt mit einem Schloß in dem Bisthum Regensburg, dem Pflegamt Laaber und eben derselben Pfarrey im Nordgau. An diesem Orte stehet eine Kirche. Die von Drechsel schrieben

ben sich eine geraume Zeit als deren Innhaber. Die verwittibte von Flachner ist dermalen Hofmarkts-Frau davon. Der Boden dabey ist gut.

Loch.

Eine Hofmarkt mit einem Schloß in dem Bisthum Regensburg, dem Pflegamt Laaber und der Pfarrey Nittendorf an der Laaber im Nordgau. Die alte Familie der von Sauerzapf besaß solche. (*) Gegenwärtig besitzet sie das Carthäuser-Kloster Prbel unweit Regensburg. Allhier kann man gutes Getreid einschneiden, ingleichen ist viel Holzwachs allda. Dabey stehet auch eine Kirche.

Undorf.

Eine Hofmarkt mit einem Schloß in dem Bisthum Regensburg, dem Pflegamt Laaber und der Pfarrey Nittendorf im Nordgau. Die von Sauerzapf sassen in dessen Besitz. Nunmehro ist sie dem Carthäuser-Kloster Prbel nächst Regensburg untergeben. Dabey ist Holzwachs und guter Getreidboden.

Schönhofen.

Eine Hofmarkt mit einem Schloß und Bräuhaus in dem Bisthum Regensburg, dem Pflegamt Laaber und der Pfarrey Nittendorf

(*) Von dieser alten Familie war einer ein Mönch in besagter Carthaus Brühl. Von dieser Familie erhielt diese Carthaus bemeldte Hofmärkte Loch und Undorf.

Dorf an der Laaber, worüber eine Brücke gehet, im Nordgau. Dieser Ort wurde zu der zwischen Baiern und dem Herzogthum Neuburg im Jahre 1507 vorgenommenen Gränitzmarkung und Vertheilung beliebet, wie dann der Gränitzstein allda vorhanden ist, dann was über der Laaber liegt, ist Baierisch. Die Baron Klingenspergische Erben besitzen diese Hofmarkt. Dabey sind gute Felder, Wiesen samt Holzwachs.

Painten.

Ein kleiner Markt in dem Bisthum Regensburg, dem Pflegamt Hemau an der Landstrasse nach Kelheim im Nordgau. Ein Pfarrer wohnet allda, welcher ein Benediktiner aus dem Kloster Prüfening in Baiern nächst bey Regensburg ist. Ein Forstmeister wohnet auch darinn, ingleichen ist allda eine Mauth. Etwan eine halbe Stund davon stehet eine schöne Glashütte nächst dem Paintner Forst. (*) Diese ist den von Degenmayerischen Erben zuständig. Bey Painten kann man den Grund mittelmäßig angeben.

Etterzhausen.

Eine Hofmarkt mit einem schönen Schloß, dann Zügelhütten und Bräuhaus in dem Bisthum Regensburg, dem Pflegamt Laaber und der Pfarrey Nittendorf an der Naabe, worüber eine starke Brücke errichtet, im Nordgau. Die Landstrasse nach Nürnberg ist hier durchgemacht. Allda nimmt auch ein Gränitz-Mauthner den Zoll ein. Die alte Familie derer von Erlbeck besaß diese lange Zeit,

in-

(*) Etwan eine halbe Stund den Haubenrieth im Paintner Forst wurde eine neue Glashütte im verflossenen Jahre erbauet.

ingleichen war davon Franz Karl von Bispach Besitzer. Nunmehr stehet sie unter Franz Freyherr von Wildenau, Neuburgischer geheimer Rath, Landrichter zu Burglengenfeld, dann Pfleger zu Schmidtinühlen und Callmünz, Ritter des heil. Michaeli-Ordens. Vor Zeiten befand sich daselbst eine adeliche Familie von Etterzhausen, wie Joseph Anton Zettenkhover in seiner Geschichte der Herzoge in Baiern pag. 193 anführet. In dem Dorf stehet ein kleines Kirchlein. Diese Hofmark besitzt fruchtbare Felder, Wiesen und gutes Gehölz.

Perkheim.

Eine Hofmark mit einem Schloß in dem Bisthum Regensburg, dem Landrichteramt Burglengenfeld und der Pfarrey Schmidtmühlen im Nordgau. Wolf von Bertolzhofen besaß diese Hofmark. (*) Das Kloster Bielenhofen ist dermalen Besitzer davon. (**) Der Grund ist gut.

Markstetten.

Eine Hofmark ohne Schloß in dem Bisthum Regensburg, dem Landrichteramt Burglengenfeld und der Pfarrey Hochenfels auf einer Anhöhe im Nordgau. Das Pflegamt Hochenfels von der alten Pfalz exercirt hierinn die hohe Jurisdiction. Die von Freindel und von Malker hatten solche im Besitz, ingleichen die von Weismühlen und von Leysn. Maximilian Beat von Schott besitzet es dermalen. Der Boden ist gut dabey, hat auch Holzwachs.

Haizen-

(*) Siehe Hofmark Kirchenedenhart.
(**) Die alte Familie deren von Spiring als T. sitzere davon soll diese Hofmark dem Kloster Bislenhofen verkauft haben.

Haizenhofen.

Eine Hofmarkt mit einem Schloß und Getreidmühl in dem Bisthum Regensburg, dem Landrichteramt Burglengenfeld und der Pfarrey Duttendorf an der Naabe im Nordgau. Dabey ist eine Kirche. Vor Zeiten stund allda ein Eisenhammer. Die Kuchler von Jochenstein besassen solche. Johann Nepomuck Freyherr von Strahl ist der dermalige Besitzer. Dieselbe hat guten Getreidboden, schöne Wiesen und Gehölz.

Nicht weit davon stehet auf einem Berg (der Auffenberg genannt) ein altes Gebäu. Man behauptet, daß es eine Kirche zu Ehren der Mutter Gottes (die Osterkirche genannt) gewesen, wobey sich viele Wallfahrter eingefunden hätten. Es wurde auch allda vor Zeiten im Thal auf den Wiesen offentlicher Markt mittelst Verkaufung verschiedener Sachen zum öftern gehalten, wie dergleichen Wiesen-Kirchweihfest oder Märkte im allhiesigen Lande öfters begangen werden.

Wischenhofen.

Eine Hofmarkt mit einem Schloß auf einer Anhöhe in dem Bisthum Regensburg, dem Landrichteramt Burglengenfeld und der Pfarrey Duttendorf im Nordgau. Die von Drechsel, wovon Philipp Balthasar bey dem im Jahre 1604 zu Burglengenfeld und Callmünz gehaltenen Landrichteramt Beysitzer, und Walther Kanzler, Lorenz aber Hof-Prediger bey dem Pfalzgrafen Philipp Ludwig zu Neuburg war, besaßen dieses viele Jahre. Joseph Bachner von Eggensdorf besitzet diese Hofmarkt nunmehr. (*) Dabey trift man einen guten Getreidboden an.

(*) Siehe Hofmarkt Münchshofen.

Oberfrauendorf, Unterfrauendorf, Schrozhofen.

Es sind drey Hofmärkte (jedoch ohne Schloß) in dem Bisthum Regensburg, dem Landrichteramt Burglengenfeld und Pflegamt Laaber, auch der Pfarrey Hochenfels, oder vielmehr Expositur Frauendorf im Nordgau. Die von Drechsel sollen diese auch in Besitz gehabt haben. Joseph Buchner von Eggensdorf ist davon Besitzer. (*) Dabey werden fruchtreiche Felder angesäet, diese Hofmärkte besitzen auch schönes Gehölz, ingleichen ist eine Kirche dabey. (**)

Hochdorf.

Eine Hofmarkt mit einem Schloß und schönen Garten auf einem Berg, wo sich ein schönes Aussehen in das Land herum zeiget, in dem Bisthum Regensburg, dem Landrichteramt Burglengenfeld und der Pfarrey Duttendorf im Nordgau. Sie hat ein schönes Kirchlein. Die von Moller, die Hofer von Lobenstein und die Teufel von Birkensee besassen solches. Clemens August Freyherr Karg von Bebenburg, Churcöllnischer Kammerherr und Landmarschall, ist davon nunmehr Besitzer. (***) Diese Hofmarkt hat guten Boden, Wiesen und Holzwachs.

Call.

(*) Siehe Hofmark Münchshofen.
(**) Zu Unterfrauendorf wohnet ein Expositus, welche Expositur zu der Pfarrey Hochenfels gehöret.
(***) Siehe den adelichen Sitz zu Reinerzhofen.

Callmünz.

Ein Markt mit einem Schloß in dem Bisthum Regensburg, eben dem Pflegamt Callmünz an der Naabe und Vils, worüber Brücken erbauet sind, und wo die Vils in die Naabe fällt, im Nordgau. Dieser Markt soll den Namen von den gefürsteten Grafen von Call und von der allda geschlagenen Münze erhalten haben; indem solcher diesen Grafen, die das Schloß dabey bewohnten, soll zuständig gewesen seyn. Von der Geldmünze wird schon unten Erwähnung geschehen. Allda stehet eine schöne Pfarrkirche dem heiligen Michael eingeweihet. Den Pfarrer präsentirt die Landes-Herrschaft. Das Schloß ist auf einem hohen Berg gebauet. Im Schweden-Krieg wurde dieses ziemlich verheeret, und man siehet heut zu Tag nichts, als ein altes Gemäuer und einen hohen Thurn samt einem tiefen Brunnen. Die Naabe theilet den Markt in zwey Theile. Dieser Markt wurde sonst besessen von den Grafen von Lengfeld, wovon bey der Stadt Burglengenfeld das mehrere zu lesen, ingleichen hatten denselben in Besitz die Burggrafen von Regensburg, Grafen zu Stephaning, wovon Otto Landgraf zu Stephaning und Riedenburg, Graf von Regenstauf, Callmünz und Lengfeld, Burggraf zu Regensburg, ein Sohn des Heinrich und Richardis, ein Enkel Ruperts und Urenkel des Grafen von Abensperg und Rohr. Das Kloster Walterbach in der alten Pfalz soll gestiftet haben. (*)

(*) Dieses beschreibet gar schön Sarter Ord. S. Bernardi in seinem verteutschten Cistercium bis tertium pag. 973. seq. und sagt dabey, daß es den Canonicis Regularibus zuvor zuständig gewesen, Anno 1143 aber von Otto Graf von Steflin, Burggraf zu Regensburg und Herrn zu Riedenburg, auf bewegliches Ansuchen seiner Frau Mutter Richardis, Schwester des heiligen Leopolds von Oesterreich, zur Ehre Gottes, seiner gebenedeyten, Mutter,

Cœlestinus Abbas Maufol. Antiq. Emmer. Cap. 24. pag. 66. Aventin in seiner Baierischen Chronik Tabell 21. führet die Geschlechts-Tafel ordentlich an. Johann von Falkenstein Antiqu. Nordgav. vet. P. 2. Cap. 8. pag. 370. Wigul. Hund in seinem Baierischen Stammbuch P. 1. pag. 122. (*) Diesen Markt bekam Herzog Ludwig in Baiern, ein Sohn Otto des Großen von Wittelsbach im Jahre 1185. nach dem Zeugniß Aventins dict. Tabell. 21. da Otto Heinrich und Friederich, Söhne Adelheids Herzogs Otto in Baiern Schwester, ohne Erben abgegangen waren.

Joseph Anton Aettenkhover in seiner Geschichte der Herzoge in Baiern pag. 167 meldet, daß dahier der Kaufbrief über das Schloß Wartberg, und über die Städte Neuenburg und Neuenstadt von Friederich von Truchendingen an den Herzog Ludwig in Baiern im Jahre 1261 errichtet worden. In der Pavitschen Abtheilung erhielt ihn Baiern, wobey er auch beständig verblieb, im Jahre 1505 aber an das hohe Pfalz-Neuburgische Haus kam. Bemeldter Aettenkhover pag. 222 und 284.

In diesem Markt wurde auch Geld geschlagen, als nämlich Gulden, Thaler und Landmünzen, wie dann noch bis dato es dergleichen giebt. Die Münzmühle ist auch noch vorhanden, welche dermalen dem Johann Nepomuck Freyherrn von Reisach zuständig ist.

Die Mutter und des heiligen Bischofs Nicolai den Cistercienſerm übergeben werden ſey; woraus erhellet, daß dieser Stifter Otto im Jahre 1143 noch gelebet habe.

(*) Der dermalige Beſitzer des lehenbaren Guts Steviuningen, Stephanning, jetzt aber Stephſling, Rudolph von Münſter hat mir eine ordentliche Beſchreibung davon ertheilet, die ich, weil ſie etwas weitſchichtiger ausgeführet, und zu leſen merkwürdig iſt, als eine Beylage beyfüge.

Ad pag. 176.

Stepfling oder Stefaning wird in den alten Briefen Stivinningen genannt, ist ein uraltes, in der Churbaierischen Pfalz am Regen gelegenes Schloß, woselbst, und um die dasige Revier die Römer ihre Speculas, oder Wacht-Thürne, um vor den Einfällen der Feinde sich sicher zu stellen, gehabt haben. Nach der Zeit stand dieser Ort unter der Bottmäßigkeit eigener Landgrafen, die hierselbst meistentheils residiret, wie dann unter solcher Landgrafschaft ein großer District von Ländereyen und Plätzen, als Stauf am Regen, Kintenburg, Callmünz, Lengfeld, Rohr ꝛc. gehörte. Von welchen Oertern hernachmals wie, der besondere Linien abgestammet, und diese ermeldte Landgrafen, die auch Burggrafen zu Regensburg gewesen, stammen von Babone, einem Grafen von Abensperg, der 32 Söhne auf einmal im Leben gehabt, und dieser von den alten Fürsten und Grafen Scheuern, ja gar aus den alten Herzogen und Königen in Baiern her.

In dem zu Augsburg Anno 1080 gehaltenen Turnier findet sich einer mit Namen Heinrich Landgraf zu Stefling, dessen Sohn Otto Stifter des Klosters Walderbach Anno 1143 gewesen, wie die bey St. Emineram in Regensburg sich befindende Grabschrift zeiget.

Otto Comes de Steffling & de Rietenburg, Burggravius Ratisbonensis Fundator Monasterii Walderbacensis est hic sub Janua sepultus Anno 1142.

Otto

Otto Graf von Stefling und Rietenburg, Burggraf zu Regensburg, Stifter des Klosters Walderbach ist hier unter der Thür begraben Anno 1142.

Otto der zweyte dieses Namens, Landgraf zu Stefling, verließ von seiner Gemahlin Adelheid, des Herzogs Otto in Baiern Schwester, des Grafen Otto von Wittelsbach Tochter, drey Söhne, Otto, Heinrich, Friederich, davon der erste und dritte bald, der mittlere aber Anno 1185 als der letzte seiner Familie Rietenburgischer Linie mit Tod abgieng, und durch dieser, und der Burggrafen von Callmünz und Lengfeld, als der allerletzten dieses Geschlechts, zu Anfang des dreyzehenden Sáculi erfolgten Abgang sind diese gesammte Länder dem Herzog von Baiern heimgefallen, der Rohrische Antheil aber allschon guten Theils vorher, nämlich Anno 1133 in das berühmte und noch bis dato florirende Kloster Rohr verwandelt worden. Anno 1213 vermachte Herzog Ludwig in Baiern, vermög eines im gedachten Jahre aufgerichteten Vertrags, im Fall er ohne Leibeserben absterben würde, dieses Stephanning nebst andern Schlössern, als Lengenfeld, Stauf am Regen, Parsberg, dem Bischof Conrad zu Regensburg, oder vielmehr dem Hochstift daselbst.

Weil

Weil aber dieser Herzog einen Sohn Otto, beygenannt Hlustris, hinterließ, so kam diese Donation, oder Geschäft zu keiner Richtigkeit, sondern die Herzoge aus Baiern verliehen solche Oerter zum Theil an ihre Edelleute zu Lehen, wie dann zuvörderst die Veste Stefling an die Ecker von Eck gekommen, und einer mit Namen Peter solche Anno 1284, darnach die Hofer von Lobenstein, ferner die Auer von Auburg und Premberg inngehabt, und zwar so war der Georg Auer nicht nur Besitzer der gedachten Veste Stefling, sondern er hatte auch circa annum 1345. von Ludovico Seniore und Ludovico Romano, beyden Herzogen aus Baiern Gebrüder, Callmünz und Lengfeld Pfandweis innen, welche beyde Oerter aber der Churfürst von der Pfalz Rupert der erste dieses Namens mit seiner Vettern Willen Anno 1358. wieder eingelöset. Werner der Auer, Pfleger zu Schönberg, kam mit Marquard den Kürnern und Petermann Auer, wegen oft bemeldter Veste Stefling in einen Streit, weilen diese solchen Ort wider seinen Willen Anno 1385 verkaufet, dessentwegen er dieselbe zu München verklaget. Von den Auern kam es an die von Penzenau, davon einer mit Namen Wolfgang, solche Anno 1398. darnach die von Raitenpuch besassen, und bekam Hanns dieses Namens Stefling zu seinem Antheil.

theil. Deſſen Sohn, mit Namen Wilhelm, von dem Herzog Albert in Baiern Ao. 1484. die Freyheit des Sitzes zu Callmünz, doch alſo, daß er ſich mit dem Geleite und Freyung ohne Gefährde halten ſollte, beſtättiget wurde. Nachdem auch dieſe Familie ohne männliche Erben verloſchen, ſind die von Rabitz circa annum 1585, und darnach wieder die Hofer Beſitzer davon geweſen, bis es endlich nach der Zeit an die von Münſter gekommen.

Die Stempfel von der Münze wurden lange Zeit in der Kanzley zu Burglengenfeld aufbehalten, mußten aber nachgehends nach Neuburg geschicket werden. In diesem Markt stunde einsmals eine herrliche Probstey und ist das Haus noch vorhanden, so die Probstey war. Im Markt befindet sich ein Spital mittlerer Stiftung, woraus den Armen wochentlich etwas am Geld gereichet wird, dabey sind etwelche Felder und Grundzinnse. (*) Diese Probstey besitzet dermalen ein Burger und Lederer unweit der Pfarrkirche. (**) Michael von Wallrab stiftete Anno 1464 allda ein Beneficium, übergab es dem Schutz des burgerlichen Magistrats, mit dem Anhang, daß selbiger einen Beneficiaten denominiren, der Pfarrer allda aber selbigen präsentiren soll. Im Rathhaus der Bürger allda wurde enger Ausschuß des Landes und der Landtage gehalten, und dieß geschah öfters, wie man die Wappen der zugegen gewesenen Landstände noch heut zu Tag, nämlich der Teufel von Birkensee, von Schlamersdorf, von Bertolzhofen, von Thurmer ec. abgemalt siehet. Gleich am Anfang der Raab-Brücke siehet man in einem Stein an der Mauer eine Scheer und Wecken eingehauen. Es soll nämlich von einem Schneider ein Beck allda erstochen worden seyn.

(*) Der Stifter dieses Spitals ist zwar nicht bekannt, doch ist gewiß, daß im 16ten Jahrhundert laut vorhandener Scheine es schon vorhanden gewesen, und ein Pfarrer dahier Kürmer ein unablösliches Capital dem dermaligen Exjesuiten-Collegium ad S. Paulum in Regensburg übergeben habe, wovon besagtes Collegium zu dem Spital in Callmünz zehen Gulden jährlich reichen muß.

(**) Zu dieser Probstey sollen die dermalige Pfarreyen Dietelsdorf, Duggendorf und die zu der Pfarrey Burglengenfeld bis dato gehörige Filial Pupach am Forst gehöret haben.

In diesem Markt ist ein adeliches Schloß mit einem hohen Thurn gleich im Eingang des Markts. Die von Silbermann waren viele Jahre Besitzer davon. Johann Nepomuck Anton Freyherr von Reisach, Pfalz-Neuburgischer wirklicher Regierungs-Rath zu Neuburg, ist dermalen davon Besitzer. Darneben ist noch ein anderes Schlößel, so die von Mailler, von Freindel und Weismühlen innen hatten. Maximilian von Schott besitzet solches. (*) Dieser Markt hält alle vier Wochen Viehmarkt, wohin vieles Vieh getrieben wird. In diesem Orte werden auch verschiedene Saiten der besten Gattung gemachet und weit und breit geliefert. Ein sicherer Georg Braunsperger aus Triftelfing in Baiern begab sich anher und verfertiget bis dato noch diese in ganz Deutschland so berühmte Saiten. Vor Zeiten soll nächst dem Brunnthor ein Nonnenkloster gestanden seyn, wovon man bis auf diese Stunde das Gemäuer und Fensterstöcke siehet, es wird von einem Schuster dermalen bewohnet, und ist zu der Hofmarkt Traidendorf nebst etwelchen Häusern von Callmünz gehörig.

Ein sicherer Hans von Callmünz wird in dem zwischen Ludwig Herzog in Baiern und Rapold, dann Diepold Gebrüdern, Grafen von Muhra, um alle ihre zwischen Schwandorf rc. liegende Güter errichteten Kaufbrief von Joseph Anton Aettenkhober pag. 192 als Gezeug im Jahr 1271 vorgetragen, daher dieselben auch etwas allhier müssen besessen haben. Ein gewisser Rinnhart, dann Ulrich Buchbäcker, wovon Adelheid Rohrstorferin die Gemahlin war, und der einen Hof zu Holzheim dem Kloster Bielenhofen Anno 1314 einraumte, wird in den Kloster Bielenhofi'schen Documenten gelesen. Man bräuet auch dahier gutes Bier, sowohl weisses als braunes, es wächst auch guter Hopfen daselbst. Zur Zeit der Pest wurde unweit dem Markt auf dem sogenannten Auberg eine Kirche zu Ehren
des

(*) Siehe Hofmarkt Marktetten.

des heiligen Sebastians erbauet; unweit davon ist eine Klause, worinn sich sonst zwey Eremiten befanden. Dieser Markt hat guten Getreidbau und Wiesen, die Marktskammer aber schönes Gehölz und Wiesen. In diesem Markt ist noch eine burgerliche eigenthümliche Bräustatt, dem Georg Knauerer dermalen zuständig.

Holzheim.

Eine Hofmarkt mit einem neu erbauten Schloß und Bräustatt, so aber im Schwedenkrieg öd worden und eingegangen, in dem Bisthum Regensburg, dem Landrichteramt Burglengenfeld und der Pfarrey Callmünz im Nordgau. Dabey stehet ein alter Thurn, der Burgstall genannt. Sie hat eine Kirche, zu Ehren des heiligen Augustinus und Egidius erbauet. Die von Silbermann, von Bertoldzhofen, von Thurner, und Tänzel Freyherr von Trazberg besassen solche. Joh. Nep. Freyherr von Reisach besitzet sie bis dato. (*) Im Jahre 1743 wurde das Schloß samt dem Stadel und Stallungen ꝛc. von den Französischen Hülfstrouppen abgebrennt, welches aber wieder erbauet ist. Dabey ist sehr guter Getreidboden und Wiesen, dann etwas von Holzwachs.

Unweit davon auf einem Berg stehet ein Kirchlein zu Ehren des heiligen Johann von Nepomuck erbauet. Zwischen hier und Haizenhofen findet man verschiedene Steine mit Muscheln, man nennt sie Truttenstein; es sind auf diesen Steinen gleichsam zugeschlossene Austern groß und klein zu sehen.

(*) Siehe den adelichen Sitz zu Callmünz.

Luſtenau.

Eine Hofmarkt mit einem Schloß in dem Bisthum Augsburg, dem Landrichteramt Höchſtätt jenſeits der Donau, der Hofmarkt Blindheim ſchnurgerad gegen über, in der Pfarrey Blindheim. Das Convict der Exjeſuiten zu Dillingen beſitzet ſolches. P. Veremundus Guß, Ord. S Bened. führet in ſeiner Demonſtrat. Jur. Stat. Ecclesiast. circa temporalia pag. 124 an, daß zu Luſtenau vor Zeiten ein Nonnenkloſter geweſen, welches aber kaum dieſes Luſtenau ſeyn wird, denn er meldet dabey, daß es im Würtenbergiſchen liege. Dieſe beſitzet guten Getreidboden und Wieſen, und iſt auch eine Schweizerey dabey.

Dapfheim.

Eine Hofmarkt in dem Bisthum Augsburg, dem Landrichteramt Höchſtätt. Alda hält ſich ein Pfarrer auf, welchen das Reichsſtift Kelsheim oder Kaiſersheim Ord. S. Bern. präſentiret. Auch ein Pfleger von obbemeldtem Reichsſtift wohnet an dieſem Orte. Das Getreid geräth wohl auf dieſem Grund.

Herrn- und Bauern-Finningen.

Hofmärkte (jedoch ohne Schloß) in dem Bisthum Augsburg, dem Landvogtamt Höchſtätt und der Pfarrey Finningen und Linsheim. Das Reichsſtift zu St. Ulrich in Augsburg Ord. S. Bened. iſt davon Beſitzer. Dabey liegen gute Feldgründe. Zu Herrn-Finningen wohnet ein Beamter von obigem Reichsſtift. Den Pfarrer präſentirt auch beſagtes Reichsſtift. (*)

Hunden.

(*) Dieſe beede Hofmärkte gehören zu der Probſtey Unterliszheim.

Hunden.

Eine Hofmarkt (jedoch ohne Schloß) in dem Bißthum Augsburg, dem Landvogtamt Höchstätt und der Pfarrey Dapfheim. Die Freyherren von Müller waren lang in dessen Besitz. Joseph von Gillardi besitzet solche dermalen. (*) Hier bringet die Erde viele Getreidfrüchte hervor, auch ist allda eine Schweitzerey.

Teublitz.

Eine Hofmarkt mit einem neu erbauten Schloß in dem Bißthum Regensburg, dem Landrichteramt Burglengenfeld und der Pfarrey Saltendorf an der Landstraße nach Amberg im Nordgau. Das Schloß erbaute der dermalige Innhaber Karl Teufel von Pirkensee, Hessen-Darmstädtischer wirklicher geheimer Rath. Das vorige Schloß stehet auch noch. Die von Leibelfing, Hofer und Schneth besaßen dieselbe auch. Diese Hofmarkt hat einen ziemlich guten Boden, viele Wiesen und Weiher, dann etwas von Holzwachs. Unweit davon liegt noch das gar alte Schloß, welches aber gänzlich zerfallen. Darinn stehet auch eine kleine Kirche.

Leonberg.

Eine Hofmarkt mit einem Schloß und Bräuhaus in dem Bißthum Regensburg, dem Landrichteramt Burglengenfeld (**) im

Nord-

(*) Siehe Hofmarkt Schwenningen.
(**) Nach der alten Regenstauffischen Pflegamts-Beschreibung lag solche in dem Pflegamt Regenstauf, ingleichen Ramspaur und Hirschlingen.

Nordgau. Dem Pfarrer allda ist eine Wohnung erbauet, samt einer schönen Pfarrkirche. Ihn präsentirt die Landes-Herrschaft. Die Hofer, Schneth, (*) Tänzel und Freyherrn von Franken, dann Freyherrn von Müller besassen solche. Joseph Freyherr von Oexel, Fürstl. Augsburgischer und Passauischer Gesandter, schreibt sich dermalen Besitzer davon. Diese Hofmarkt hat einen mittelmäßigen Getreidboden, Weiher und Holzwachs.

Etwan eine Viertelstund davon stehet eine schöne Kirche zu Ehren des heiligen Michaels gewiedmet, und gar nicht weit von derselben liegt eine kleine Capelle der schmerzhaften Mutter Gottes erbauet, samt einem im Eingange der Capellen befindlichen Brunnen.

Dabey ist eine alte, große und im vorigen Jahrhundert lang bekannte Wallfahrt samt einer erst leythin eingeführten Bruderschaft der schmerzhaften Mutter Gottes. Dieß Ort wird die Capelle genennet. Im Dorf zu Leonberg stehet auch noch das alte Schloß, so aber noch bewohnet wird.

Pirkensee.

Eine Hofmarkt mit einem schönen und großen Schloß, dann einem weitschichtigen Garten in dem Bisthum Regensburg, ansonst nach alter Beschreibung in dem Pflegamt Regenstauf und der Pfarrey Leonberg im Nordgau. Allda stehet eine Schloß-Capelle. Vor etwelchen Jahren war eine Post da, die aber dermalen nach Bohnholz verlegt worden. Dieses Schloß ist das Stammhaus der alten Familie der Teufel von Pirkensee, die sich bis heute davon schreiben, wie sie dann zuvor davon Besitzer gewesen sind. Joseph Heinrich Freyherr

(*) Im Jahr 1560 war dessen Besitzer Leonhard zum Schneth.

herr von Franken, Pfalz-Neuburgischer geheimer Rath, Obrist-Forstmeister auf dem Nordgau und Ritter des Sardinischen Ordens St. Lazarus, hat dieselbe im Besitz. Der Getreidboden ist mittelmäßig, dabey sind auch Weiher, vieles Heufutter und Holzwuchs.

Ebelhausen.

Eine Hofmarkt (jedoch ohne Schloß) in dem Bißthum Regensburg, dem Pflegamt Regenstauf an dem Regen im Nordgau. Hanns Georg Altmann von Wünzer und Balthasar Leibelfing besaßen solche im 15ten Säculo. Die Freyherren von Dürnitz zählten sich auch diese Hofmarkt bey. Nunmehro ist davon Freyherr von Hofmühlen, Churbaierischer Kammerherr und wirklicher Regierungsrath zu Burghausen Besitzer. Sie hat keine Oeconomie, wohl aber Gülten, Holzwachs und Weiher rc. Der Boden ist mittelmäßig.

Ramspaur.

Eine Hofmarkt mit einem wohl erbauten Schloß in dem Bißthum Regensburg, dem Landrichteramt Burglengenfeld an dem Regen im Nordgau. Eine neu erbaute Pfarrkirche zu Ehren des heiligen Laurentii ist daselbst. Den Pfarrer präsentirt das Kaiserliche Collegiat-Stift zu der alten Capellen in Regensburg. Hanns Kuttenauer besaß solche im Jahre 1483 und diese Familie saß lang darinn. Wolf Münch von Münchshofen war auch von derselben lange Zeit Besitzer. Die alte Familie der Freyherren von Reisach, dann die von Pestalozzi hatten dieselbe auch innen. Nunmehr ist Joseph Freyherr von Schneid, Chur-Baierischer wirklicher geheimer Rath und Herzoglich-Baierischer Gesandter zu

Regensburg bey dem Reichstag Besitzer. Der Grund ist nicht gut, hingegen hat dieselbe Wiesen und schönes Gehölz.

Hirschlingen.

Eine Hofmarkt mit einem Schloß in dem Bisthum Regensburg, dem Landrichteramt Burglengenfeld und der Pfarrey Ramspaur an dem Regen im Nordgau. Die Hofer von Lobenstein besaßen sie schon im Jahre 1391. Stephan Hofer Anno 1416. Die von Batzendorf und Schluter waren auch Besitzer davon. Freyherr von Schneid besitzet solche dermalen. (*) Der Getreidboden ist ziemlich erträglich.

Spindelhof.

Eine Hofmarkt oder vielmehr ein adelicher Sitz mit einem Schloß in dem Bisthum Regensburg, dem Pflegamt Regenstauf und eben der Pfarrey Regenstauf an dem Regen im Nordgau. Die alte Familie der Grafen von Dietmanstein besaßen solche, ingleichen die von Schellerer und die von Baumann. Joseph Freyherr von Schneid nennet sich dermalen Besitzer davon. (**) Der Getreidboden ist dabey ziemlich gut, auch hat sie viele Wiesen und Holzwachs.

Regenstauf.

Ein Markt in dem Bisthum Regensburg, eben dem Pflegamt dieses Namens an dem Regen im Nordgau. Allda stehet eine schöne Pfarr-

(*) Siehe Hofmarkt Ramspaur.
(**) Siehe ebenfalls Ramspaur.

Pfarrkirche zu Ehren des heiligen Jacobs erbauet. Den Pfarrer präsentirt die Landes-Herrschaft. Ueber den Regen gehet eine dauerhafte Brücke. Die Landstrasse nach Böhmen und der obern Pfalz gehet hier durch. Es ist darinn eine Gränitz und Hauptmauthamt. Dieser Markt brannte schon zweymal ab.

Nahe am Markt auf einem Berge stehet das alte Schloß, so aber gänzlich zerfallen, und man siehet nichts, als einen Haufen Steine. Vor Zeiten besassen solches samt der Herrschaft vornehme Grafen, die sich Grafen von Stauf Ehrenfels schrieben. Albert von Stauf half zur Stiftung des Klosters Schofloch, jetzt Mariazell, oder Frauenzell, zu den Zeiten des Kaisers Ludwig aus Baiern. Aventin in seiner Baierischen Chronik Lib. 8. pag. 501. Bernard von Stauf Freyherr von Ehrenfels war bey dem zwischen dem Herzog Albrecht und Herzog Wolfgang Brüdern, im Jahre 1506 errichteten Vertrag der Regierung halber gegenwärtig. Joseph Anton Aettenkhover in seiner Geschichte der Herzoge in Baiern pag. 371. Bernard von Stauf Herr zu Ehrenfels, der obiger Bernard Stauf seyn wird, Hauptmann zu Landshut ward von dem Herzog Albrecht dem vierten in Baiern zum Mitvormunder des jungen Herzogs Wilhelm erwählet, Anno 1508. Bemeldter Aettenkhover pag. 394. Des Hieronymus von Stauf Freyherrn zu Ehrenfels Hofmeister unterschrieb den zwischen dem Herzog Wilhelm den IV. und Herzog Ludwig aus Baiern wegen gemeinschaftlicher Landesregierung im Jahre 1514 gemachten Vertrag. Belobter Aettenkhover pag. 403. Otto Graf zu Stauf laut seines Epitaphiums von 1143. soll bey St. Emmeram in Regensburg begraben liegen, wie in der Beschreibung des Amts Regenstauf de Anno 1597. zu ersehen. Cœlestinus Abbas Mausol. Antiq. S. Emmer. pag. 188. Von diesem Geschlechte, welches auch Berezhausen und Ehrenfels innen hatte,

ist

ist schon bey dem Markt Berezhausen das mehrere angeführet, wohin ich den günstigen Leser verweise.

Wann diese Herrschaft an Baiern gekommen, kann nicht wohl aus Documenten erwiesen werden, jedoch ist es gewiß, daß solche von Baiern schon eher besessen worden, als die Herrschaft Ehrenfels, das ist Berezhausen, an Baiern gelangte. Wigul. Hund. P. 2. fol. 207 und 208. Iselin Lexic. Universal. apud Ehrenfels. Es scheinet, als wenn die ehemaligen Landgrafen von Stephanning sich auch Grafen von Regenstauf geschrieben hätten, (*) und Johann von Falkenstein Antiq Nordgav. führet pag. 369 einen Robert, oder Rupert Grafen von Stauf an. (**) Aventin in seiner Baierischen Chronik Tabell 21. nennet die Landgrafen von Stephanning auch Landgrafen zu Stauf am Regen. (***) Bey der zu Pavia im Jahre 1329 gemachten Ländervertheilung kam sie an Baiern, wie besagter Aettenkhover pag. 222 meldet. Johann Jacob Moser sagt in seiner Einleitung in das Pfälzische Staatsrecht Cap. 9. §. 20. pag. 436. daß Ehrenfels, Stauf Ehrenfels, auch Stauf am Regen, oder Regenstauf, im 16ten Säculo das hohe Pfalz-Neuburgische Haus erkaufet, nachdem diese derselben die Reichs-Immedietät strittig machte. Das mehrere siehe bey Berezhausen.

Es

(*) Siehe davon bey dem Markt Callmünz und dasige Beylage sub pag. 176.
(**) Siehe Markt Callmünz.
(***) Wie Johann Herwarth Haid in den Geschichten von Baiern vom Otto dem I. 1180 bis 1778 pag. 5. ausführlich meldet, so soll der lezte Graf von Riedenburg Heinrich, der auch Rohr, Eteßling, Stauffen am Regen, das ist Regenstauf und Callmünz besaß, im Jahre 1185 verstorben, und nachgehends diese Derter zum Herzogthum Baiern gekommen seyn.

Sie verblieb sodann beständig bey Baiern, bis sie im Jahre 1505 zum Herzogthum Neuburg geschlagen worden. Hinter dem Schloß allda soll noch ein anders Schloß gewesen seyn, und den Zengern (*) zugehöret haben, auch ist noch davon ein alter aber schon eingefallener Thurn vorhanden. Im Markt soll ein adelicher Sitz gewesen seyn, den die Nonnen besassen. Dermalen ist es das Amthaus mitten in einem Weiher, wohin man über einen Steg oder kleine Brücke gehet. Um das Jahr 1266 verheerten diesen Ort die Böhmen. Im Jahre 1641 befanden sich die Schweden dahier. Merian Topograph. Palat. Bav. pag. 129. Im Jahre 1591 soll die Pfarrkirche laut der Amts-Beschreibung von Anno 1597, wieder erbauet worden seyn. Ein Burger Simon Kelbler soll eine schöne Wiesen, vulgo die Zengerin (weil solche die Familie der Zenger auch besessen hatten) dem Markt mit dieser Bedingniß geschenket haben, daß derselbe der Kirche jährlich 7 Gulden geben soll.

Unweit dem Markt an der Landstrasse stehet eine kleine Kirche, worinn der heilige Sebastian verehret wird. Dieser Markt hat einen mittelmässigen Getreidboden, Wiesen und die Marktskammer viel Holzwachs, samt etwelchen kleinen Weihern. Es soll auch ein Reichslehen seyn. *Lünig Corp. Jur. Feudal. Tom. I. pag. 665. seqq. dist. Moser Cap. 12. §. 9. pag. 618.

Hauzenstein.

Eine Hofmarkt mit einem schönen Schloß in dem Bisthum Regensburg, dem Pflegamt Regenstauf und eben der Pfarrey im

(*) Hanns Zenger besaß es im Jahre 1413. und war Ritter zu Stauf. Jobst Zenger im Jahre 1424. und Hannibal Zenger im Jahre 1488, wie in der Pflegamt-Regenstaufischen Amts-Beschreibung von Anno 1597 zu lesen ist.

Nordgau. Hermann Hautzendorfer besaß solche im Jahre 1385. Hanns Leibelfinger hatte dieselbe im Besitz im Jahre 1430, und diese Familie behielt die Besitzung noch länger. Die von Freindel sollen auch davon Besitzer gewesen seyn. Die nachgelassene Wittwe des Freyherrn von Schüker des vormaligen Besitzers dieser Hofmarkt, nun verehelichten Freyfrau von Franken, besitzet es dermalen. Sie hat guten Boden, Wiesen und Holzwachs.

Thonhausen.

Eine Hofmarkt (jedoch ohne Schloß) in dem Bisthum Regensburg, dem Pflegamt Regenstauf und eben derselben Pfarrey unweit der Landstrasse im Nordgau. Eine Kirche stehet allda. Die Besitzer der Hofmarkt Hauzenstein besaßen solche. Die verwittibte Freyfrau von Schüker besitzet sie dermalen. (*) In der Gegend ist mittelmäßiger Boden.

Wiesen und Heinsberg.

Zwey Hofmärkte, jene mit einem schönen und großen Schloß, dann Bräuhaus in dem Bisthum Regensburg fast in der Mitte dem Landrichteramt Burglengenfeld nahe der Donau. Ein kleiner Fluß lauft hier durch. Dabey ist ein Pfarrer, den die Hofmarktsherrschaft präsentirt. Hieronymus Kolb war im Jahre 1609 Landschafts-Commissarius zu Neuburg und Besitzer davon. Die von Schütz und Falkenberg besaßen dieselbe auch, die nachgelassene Erben der Frau von Blat, nämlich die von Lehmeen haben solche dermalen im Besitz. Diese Hofmarkt hat die hohe Jagd, sehr guten Boden, Wiesen und vieles Gehölz.

Heil-

(*) Siehe Hofmarkt Hauzenstein.

Heilsberg, oder Heinsberg ist eine besondere Hofmarkt mit einer artigen gebauten Wohnung, etwan eine Viertelstund von Wiesen auf einer Anhöhe, wobey auch Feldbau und eine Schäferey ist.

Carlstein.

Eine Hofmarkt mit einem Schloß und Bräuhaus in dem Bisthum Regensburg, dem Pflegamt Regenstauf und der Pfarrey Kühberg im Nordgau. Alda siehet man eine wohl zugerichtete Schloßkapelle. Hermann Hofer besaß dieselbe im Jahre 1349. Die Horneck von Hornberg und Teufel von Pirkensee besassen sie auch. Jacob Freyherr von Schneid ist der dermalige Besitzer. (*) Sie hat einen mittelmäßigen Boden, viele Wiesen, Weiher und vieles Gehölz.

Trackenstein.

Eine Hofmarkt mit einem schönen Schlössel auf einem hohen Berg in dem Bisthum Regensburg, dem Pflegamt Regenstauf und der Pfarrey Kühberg im Nordgau. Im Jahre 1349 war davon Besitzer Friederich von Trackenstein, im Jahre 1390 Dietrichhofer, dann im Jahre 1401 Hanns Hofer und im Jahre 1423 Stephan Hofer. Ehrenreith von Rabeck, Jobst von Tandorf, Hanns Bernard von Staufen, Freyherr von Ehrenfels und die Teufel von Pirkensee besaßen sie auch. (**) Jacob Freyherr von Schneid besitzet dieselbe dermalen. (***) Im Jahre 1573, oder vielmehr 1597

(*) Siehe Hofmarkt Wolfersdorf.
(**) Siehe Regenstauffische Pflegamts-Beschreibung von No. 1597.
(***) Siehe Hofmarkt Wolfersdorf.

ist allda das Schloß und Wirthshaus abgebrannt. (*) Diese Gegend hat einen mittelmäßigen Boden, eine Schäferey und Holzwuchs.

Forstenberg.

Eine Hofmarkt in dem Bisthum Regensburg, der Pfarrey Ramspaur und dem Pflegamt Regenstauf im Nordgau. Dermalen ist nichts allda, als ein mitten im Holz auf einem Berge stehender Thurn, so auch ziemlich eingegangen. Im Jahre 1481 besaß diese Heinrich Zenger, im Jahre 1483 Peter Rainer zum Forstenberg, und im Jahre 1505 Jobst Wilhelm von Tanndorf, nachgehends aber Bernard von Stauf. (**) Die Teufel von Pirkensee war.n ebenfalls Besitzer. Nunmehro ist Jacob Freyherr von Schneid Besitzer davon. (***) Dabey ist dermalen kein Oeconomiewesen. Die Hornecken von Hornberg besaßen auch oben erwähntes Trackenstein.

Stabel.

Eine Hofmarkt (jedoch ohne Schloß) in dem Bisthum thum Regensburg, dem Pflegamt Regenstauf und der Pfarrey Ramspaur im Nordgau unweit dem Regen. Das Schloß ist eingegangen, und siehet man nichts als alte Mauern. Es war in etwas erhöhet und herum eine aufgeworfene Erde, einem Wall gleichend. Die Besitzer davon waren im Jahre 1423 Ruprecht Freudenberger, im Jahre 1429 Georg Unhofer, im Jahre 1454 Peter Kutenauer

zum

(*) Siehe oben besagte Amts-Beschreibung.
(**) Siehe oben gemeldte Amts-Beschreibung.
(***) Siehe Hofmarkt Wolfersdorf.

zum Stadel, und im Jahre 1575 Sebastian Wilhelm von Tanndorf. (*) Die Hornecken von Hornberg und die Teufel von Pirkensee waren auch davon Besitzer. Jacob Freyherr von Schneid besitzet es dermalen. (**) Dabey ist kein Oeconomiewesen, im Dörflein allda ist eine kleine Mahlmühle.

Pettendorf.

Eine Hofmarkt mit einem Schloß in dem Bisthum Regensburg, dem Landrichteramt Burglengenfeld im Nordgau auf einer Anhöhe. Allda ist ein Pfarrer, welcher ein Bernardiner aus dem nicht weit davon entlegenen Kloster Bielenhofen ist, und vonda aus diese Pfarrey versiehet. Die Kirche ist wohl gebauet und darinn eine Bruderschaft des heiligsten Herzens Jesu eingeführet. Das Schlössel allda sammt einem Bräuhaus besitzet Ferdinand von Schelerer. Dabey liegt ein schöner Feldbau, Wiesen und vieles Gehölz. Die Jägerreuter und Teufel von Pirkensee, dann die Münsterer besaßen sie ebenfalls.

Das Kloster Bielenhofen Ord. S. Bernard. besitzet darinn auch eine Hofmarkt. Vor Zeiten soll allda ein Nonnenkloster Ord. S. Dominici gestanden seyn. Wie Joseph Anton Aettenkhover in seiner Geschichte von den Herzogen in Baiern pag. 40 meldet, so soll es Kaiser Ludwig aus Baiern gestiftet haben. Johann von Falkenstein Tom. 3. fol. 292. Es sagt aber Coelestinus Abbas Ord. S. Bened. in seinem Mausol. Antiq. Cap. 47. pag. 171, daß Adlersberg Kaiser Ludwig aus Baiern gestiftet, solches seye aber besserer Bequemlichkeit halber
nach

(*) Siehe obenbesagte Regenstaufische Amts-Beschreibung.
(**) Siehe Hofmarkt Wolfersdorf.

nach Pettendorf versetzet worden. (*) Aventin in seiner Baierischen Chronik Lib. 8. pag. 501 behauptet auch, daß Kaiser Ludwig aus Baiern das Frauenkloster Pettendorf gestiftet habe. Man sagt, daß der dumalige Prior des Dominicaner-Klosters zu Regensburg die Priorin dieses Klosters geheurathet hätte. Cœlestinus Abbas Ord. S. Bened. Mausol. Antiq. S. Emmer. Cap. 53. pag. 224. Bey Wiedereinführung des katholischen Glaubens in diesem Herzogthum wurde es dem Kloster Biklenhofen eingeraumet.

Birgesheim.

Eine Hofmarkt mit einem kleinen Schloß in dem Bisthum Augsburg und dem Landrichteramt Graisbach, etwan eine halbe Stund von Donauwörth an der Donau. Der Burgermeister und Rath zu Donauwörth besitzet dieselbe und präsentirt den Pfarrer alda. Dabey

(*) Von Ablersberg wird unten Meldung geschehen, übrigens ist vielmehr zu glauben, daß das Kloster Pettendorf nach Ablersberg versetzet werden, indem man noch mehrere rudera eines vorhin gestandenen Klosters bey Ablersberg siehet, als zu Pettendorf. Es ist gewiß, daß Kaiser Ludwig der Baier den Nonnen zu Weissenburg erlaubte, daß sie sich mit Erlaubniß des Bischofs zu Eichstätt nach Pettendorf in das Kloster begeben dörften, dieß geschah den 14ten Merz No. 1276. Dieses Kloster wurde theils abgebrannt, theils von den dozumal sich dort befindenden Räubern verheeret und geplündert, wie dann deswegen verschiedene Bischöfe, nämlich Hildebrand von Eichstätt den 21ten December Anno 1262, Otto Bischof zu Münd den 17ten September 1271, Heinrich Bischof zu Trient 1274, dann eodem anno Peter von Passau, Hertmann von Augsburg, und Anno 1278 Conrad von Regensburg denjenigen, die zur Erbauung dieses Klosters halfen, Abläsße ertheilten. Dieses alles habe ich aus dem Manuale der Documenten gezogen.

Adlersberg.

Einige nützliche Berichtigungen zum
Artikel Adlersberg in der Topo=
graphisch geographischen Beschreibung des Herzog=
thums Neuburg.

Adlersberg, nicht Adelsberg, war ursprünglich
ein braunes Kloster und wurde unbekannt wann
vielleicht zur Zeit der lutherischen Reformation
in ein weltliches Gut umgewandelt.

Im Jahre 1575. erhielt das Gut Adlsberg mit
allen Zubehörungen der Pfleger zu Burglengenfeld
Joh. Bernhard Aslinger von seinem Landesherrn
Herzog Philipp Ludwig Grafen zu Heldenz und
Oberheim tauschweise als ein adeliches Land=
sassen Gut mit hohmals Gerechtigkeit.

In der Folge kam Adlasberg an Hans Christoph
Weiß zu Barhof, der diese Hofmarch i. J. 1618.
an dem daselbst befindlichen Kämmerl Hofer verkaufte.

Später gelangte zum Besitz von Adlasberg
das Kloster zum H. Kreutz in Regensburg Prediger Ordens, das sie wieder dieses Landsasen-
gut i. J. 1660. an das Kloster St. Blasii Prediger
Ordens gleichfalls in Regensburg veräußerte.

Das Kloster St. Blasii zu Regensburg besaß aber die
Hofmark Adlasberg nicht lange, sondern veräußert
sie schon i. J. 1676. um 12000 f. an den Pater
Haimeran Mönich Palatin Küngel als Administrator des
unter Reichsschutz gebrachten Klosters Fiselar-
zogen.

Dabey ist guter Getreidboden und ein Bräuhaus, welches aber dem Wirth des Orts zuständig ist, welcher die Bräu-Gerechtigkeit mit Bewilligung der Neuburgischen Hofkammer von Altisheim dahin brachte. (*)

Zirthheim.

Eine Hofmarkt ohne Schloß in dem Bisthum Augsburg, dem Landrichteramt Höchstätt. Den Pfarrer allda präsentirt die Landes-Herrschaft und das Reichsstift Neresheim Ord. S. Bened. wechselweis. Dieß Reichsstift ist auch Zirthheim zugehörig. Reichlin Freyherr von Meldung soll es auch im Besitz gehabt haben. Dabey ist guter Boden.

Ablersberg.

Eine Hofmarkt mit einem Schloß und Bräuhaus auf einer Anhöhe in dem Bisthum Regensburg, dem Landrichteramt Burglengenfeld und der Pfarrey Pettendorf im Nordgau. Es ist dermalen dem etwan eine Stund davon liegenden Kloster Bielenhofen Ord. S. Bern. zugehörig. Allda stehet eine ziemlich große und alte Kirche. Vor Zeiten war allda ein Nonnenkloster Ord. S. Dominici, wie man dann in der Kirche dabey noch einige Grabsteine der Nonnen in etwas (obschon sehr hart) ersehen und unterscheiden kann. (**) Ausserhalb der Kirche stehen noch einige Rudera von diesem einsmaligen Kloster. Kaiser Ludwig soll dessen Stifter seyn, und, wie man sagt, so

---

(*) Ein sicherer Johann Georg Müller soll davon Besitzer gewesen seyn.

(**) Im Jahre 1537 war noch eine Aebtissin allda.

so soll dieses Kloster nach Pettendorf versetzet worden seyn. Veremundus Guß Ord. S. Bened. thut auch in seiner Demonstrat. Jur. Ecclesiast. circa temporal. Part. 1. pag. 104 Erwähnung davon, daß zwar dieses Kloster aufgehoben, nachgehends aber dem Kloster Bielenhofen incorporiret worden. (**) Unweit dem Schloß, nächst dem Keller, giebt es ein angenehmes Echo. Dabey liegt sehr guter Feldbau und Holzwachs.

Bielenhofen.

Ein ziemlich großes und schönes Kloster Ord. S. Bernardi in dem Bistthum Regensburg, dem Landrichteramt Burglengenfeld an der Naabe im Nordgau. Ansonst wurde dieses Maria Gestab, oder Portus Marianus genennet. Das Dorf Bielenhofen, wo einstens ein Jagdhaus samt etwelchen Häusern gestanden, liegt dem Kloster gegen über. Aber dieses Kloster hauptsächlich gestiftet, sohin der erste Urheber davon gewesen sey, ist dermalen unbekannt, und kann mit Grund nicht erwiesen werden. Die Klosters-Documenten, welche mir von dem dermaligen P. Sup. Hieronymus Schütz, einem wahren Liebhaber dergleichen Geschichten, zur nöthigen Einsehung auf meine Bitte mitgetheilet worden, geben dieß nicht. Die von Stauf Freyherren von Ehrenfels, die Herren von Hohenfels und die von Parsberg dotirten solches mit verschiedenen Gütern. Die Grafen von Hals könnte man ansonst als die ersten Stifter davon ansehen, aber auch nicht mit Grund, weil viele Urkunden von diesem Kloster, wie solches bey der in hiesigen Landen vorgegangenen Glaubensveränderung an die Landesherrliche weltliche Administration kam, sollen nach Neuburg genommen und nicht mehr resti-

(*) Davon siehe das mehrere bey Pettendorf.
(**) Siehe Pettendorf. Der Adlersberg ist von erwähntem Bielenhofen den Dominicanern zu Regensburg abgekaufet worden.

restituiret worden seyn. Die Herren von Laaber (wie davon besonders Habmar von Laaber im Jahre 1279.) und von Paulsdorf, Uttendorf, von Bielenhofen, von Frauendorf, von Eglsee, samt mehr andern halfen auch getreulich mit.

Verschiedene Päbste, nämlich Gregorius der neunte, Innocentius der vierte, Alexander der vierte, confirmirten die Freyheiten des Klosters. Herzog Ludwig in Baiern Anno 1263, Herzog Otto und Stephan 1292. Rudolph 1317. Heinrich Otto im Jahre 1318. Herzog Albrecht Anno 1365. und Herzog Johann Anno 1419. bestättigten verschiedene Freyheiten und gaben noch dazu schöne Privilegia. Vor Zeiten war es ein adeliches Nonnenkloster aus dem Orden des heiligen Bernardus und zählte verschiedene Aebtiffinnen. Im Jahre 1124 regierte Irmengardis. Im Jahre 1270 Mechtildis. Im Jahre 1283 Elisabetha. Im Jahre 1321 Irmengardis. Im Jahre 1350 Elisabetha. Im Jahre 1375 Beisel. Im Jahre 1398 Anna Parsbergerin, oder vielmehr von Parsberg. Im Jahre 1539 Scholastica. (*) Da die Protestantische Religion in die hiesigen Lande eingeführet wurde, so nahm man dieses Kloster in die weltliche Administration und wurden Pfleger darüber aufgestellet, worunter Julius Cäsar Visconti (**) und Herr von Schärpfenberg (***) befindlich waren.

(*) Ein mehrers habe ich nicht ausfündig machen können; indem ich nur das Manuale der darinn angemerkten Documenten, nicht aber die Originalia der Documenten eingesehen habe, welche mir nicht vorgelegt wurden, worinn man freylich etwas mehrers hätte gewahr nehmen können.
(**) Siehe Hofmarkt Steinberg.
(***) Bey dem im Jahre 1604 zu Burglengenfeld und Calmünz gehaltenen Landgericht findet man ihn als Pfleger zu Bielenhofen angeführet.

Visconti soll die Protestantische Lehre angenommen, nachmals aber sich wieder zu der katholischen Religion gewendet haben. Er liegt zu Schmidtmühlen begraben. Otto Heinrich der Pfalzgraf vergönnte den Nonnen, daß sie Zeitlebens sich in ihrem Kloster befinden dörften, und gab ihnen die nöthige Unterhaltung. Die aber ihren Stand verändern wollten, erhielten eine Aussteuer, wie man dann noch einen Revers-Brief von einer Nonne, benanntlich Grümnglin, die sich in Pohlen verheurathete, bey dem Kloster findet. Im Jahre 1655 wurde eben dieses Kloster mit Päbstlicher Verwilligung unter gewißen Bedingnißen dem Reichsstift Kaisersheim Ord. S. Bernard. eingeräumet. (*) Auguſtinus Sartorius Ord. S. Bernard. verteutſchtes Ciſtercium bis tertium pag. 783.

In dieses Kloster schicket das Reichsstift Kaisersheim aus dem Orden des heiligen Bernardi den P. Superior und alldortige Patres ab, und revociret solche wieder nach Belieben. Gleich anfänglich wurde ein P. Superior Administrator genennet. P. Georg soll der erste Administrator gewesen seyn. P. Hyacinth, Columban, Leopold, Joachim, Ulrich, Bertrand, Candidus und Alphonsus waren auch Superiores dieses Klosters. P. Hyacinthus dell Neuffe soll den Stock nächst dem Bräuhaus samt dem Bräuhaus selbst erbauet haben. P. Columban Mayer erbauete den vordern und großen Stock, dann auch die Kirche von neuen auf. Er soll ein sehr guter Haushalter gewesen seyn. Der jetzige P. Superior Hieronymus Schütz zierte dieses Kloster herrlich aus. Es ist groß und schön gebauet, und hat viele Zimmer, welche dieser P. Superior schön ausmalen ließ. Die Klosterkirche ist ziemlich groß und schön, und mit artigen Altären ausgezieret. Der Hochaltar ist sehr fein ge-

(*) Man will behaupten, daß solches das Kloster Kaisersheim um 27000 Gulden eingehandelt habe, für eine Wahrheit will ich es aber nicht behaupten.

gemacht. Das Altarblat ist künstlich gemalt. Es stellet die glorreiche Himmelfahrt Mariä vor. In der Kirche allda liegen P. Columban Mayer, Joachim Huber und Bertrand Ott, gewesene Superiores dieses Klosters begraben. Sie haben große Grabsteine mit Inschriften. Im Klosterhof stehet noch eine andere Kirche, welche die Pfarrkirche ist. Dieses Kloster besitzet guten Feldgrund, viele Wiesen und ein beträchtliches Gehölz. — — Es liegt etwan zwey Stund von Regensburg. Etwan eine halbe Stund davon befand sich vor Zeiten ein alter Burgstall, Leweneck genannt, und dem Herrn von Leweneck zuständig, wovon Hugo von Leweneck ein Gut von Nittendorf zu dem Kloster gab, und Jutta von Leweneck im besagten Kloster eine Nonne war. Auf Befehl des Kaisers Ludwig des Baiern mußte solches zusammgerissen und nicht mehr erbauet werden. Dieses alles ist bey dem Kloster allda aufgezeichnet.

Pollenried.

Es ist dermalen ein Dörfel mit einer Kirche in dem Bisthum Regensburg, dem Pflegamt Laaber und der Pfarrey Tailling, unweit der Landstraße nach Regensburg im Nordgau. Man siehet noch heute einen alten Thurn mit etwas Gemäuer allda stehen. Vor Zeiten soll an diesem Ort ein kleines Kloster, oder vielmehr ein Spital gewesen seyn. Man will behaupten, daß Conrad von Hochenfels, wovon die Schwieger Agnes, des Herrn von Uttendorf erste Schwester allda gewesen seyn soll, solches im 12ten Säculo gestiftet, oder doch des Willens war, solches zu stiften, wie in den

den Documenten besagten Klosters Bielenhofen zu ersehen ist. Dieser Ort ist dermalen dem Kloster Bielenhofen zuständig, und hat mittelmäßigen Grund.

Parsberg.

Ein Markt mit einem Schloß in dem Bisthum Regensburg, und eben dessen Pflegamt im Nordgau auf einem Berge unweit der Laaber. Allhier siehet man eine schöne Pfarrkirche. Den Pfarrer präsentirt die Herrschaft dieses Gerichts. Ansonst gieng die Landstrasse hier durch nach Nürnberg und war allda eine Post, welche aber nach Taining, etwan anderthalb Stund davon verlegt wurde.

Vor Zeiten besaß diese Herrschaft ein altes Geschlecht derer von Parsberg, wovon Moritz Anno 938 auf dem Thurnier zu Magdeburg, Willbald Anno 942 zu Rothenburg, Gundolph zu Zürch Anno 1165 und Sibotho Anno 1197 zu Nürnberg auf dem Thurnier erschienen. Friederich von Parsberg wurde im Jahre 1246 zum Bischof von Eichstätt erwählet. Johann Georg lebte um das Jahr 1676 und hatte verschiedene Kinder, Buccelinus P. 4. W. Hund Baierisches Stammbuch pag. 805. Iselin Lexic. Univerſ. P. 3. pag. 806. Im Jahre 1437 wurde Friederich der zweyte, aus eben diesem Geschlechte, Bischof zu Regensburg, und Hanns von Parsberg war dem im Jahre 1412 zu Regensburg gehaltenen Thurnier als Thurnierwerber beygewohnet. Cœlestinus Abbas Mausol. Antiq. S. Emmer. pag. 189 und 195. Man findet in denen bey dem Priesterhaus auf dem Eichelberg unweit Hemau befindlichen Urkunden, daß Johann

hann Werner von und zu Parsberg zur Erbauung der jetzigen Wallfahrtskirche allda alles Bauholz umsonst hergab, so zu Ende des vorigen, oder doch wenigstens zu Anfang des jetzigen Jahrhunderts geschah. Diese Herren von Parsberg dotirten auch das Kloster Bielenhofen, oder Maria Gestad, Ord. S. Bern. mit etwelchen Gütern.

Nach dem Absterben dieser Herren von Parsberg kam diese Herrschaft samt dem Markt an das hohe Pfalz-Neuburgische Haus. Es soll ein Churpfälzisches Lehen seyn, Pfalz-Neuburg ziehet die Steuern davon, und will das Gräflich-Schönbornische Haus nicht mehr als Vasallen erkennen. Churfürst Karl Philipp nämlich hatte den Bischof Karl von Bamberg und Würzburg, und seine Familie, die Grafen von Schönborn mit dieser Herrschaft im Jahre 1738 belehnet. Jezt glorwürdigst regierender Churfürst Karl Theodor widersprach Anno 1744 solche Belehnung, und als der Bischof Anno 1746 starb, zog der Churfürst die Herrschaft wieder ein.

Das Haus Schönborn gieng darauf an den Reichs-Hofrath, allwo diese Sache nun hänget. Mosers Einleitung in das Pfälzische Staatsrecht Cap. 12. §. 115. pag. 692. Item Mosers Einleitung in die neuesten teutschen Angelegenheiten pag. 149. seqq. Fabri Staats-Canzley Tom. 92. pag. 231. Staatsschriften unter dem Kaiser Franz Tom. 3. p. 343. Neue Europ. Fama Tom. 12. pag. 279. Dieser Markt pflüget einen ziemlich guten Getreidboden. (*)

Moll-

(*) Nunmehr soll das Gräfliche Haus Schönborn 1200 Gulden an Pfalz-Neuburg jährlich geben.

Mollberg.

Eine Hofmarkt, oder befreyter Sitz nebst zwey Häusern in dem Bisthum Augsburg, dem Landvogtamt und Pfarrey Höchstätt an der Donau, unweit Höchstätt. Freyherr von Wümpfen besaß dieselbe. (*) Nunmehr ist solche an einem Bauern und Fischer verkaufet, nachdem sie zuvor vertheilet worden. Dabey wächst ergiebig Getreid und Heu. (**)

Pruck.

Eine Hofmarkt ohne Schloß in dem Bisthum Augsburg, dem Landvogtamt Neuburg und der Pfarrey Zell. Das Exjesuiten-Collegium zu Neuburg besitzt diese. Der Boden dabey ist gut.

Baltersdorf.

Eine Hofmarkt ohne Schloß in dem Bisthum Augsburg, dem Landvogtamt Neuburg und der Pfarrey Wagenhofen. Das Exjesuiten-Collegium ist davon Inhaber. Der Grund ist gut.

Zell-

(*) Siehe die von Johann Baptist Geißburger Pfalz-Neuburgischen Landschafts-Registrator Anno 1775 verfaßte Tabell, oder Schema der Landsassen von Prälaten und Ritterstand bey Mollberg.

(**) Die Freyherrlich von Ungelberische Familie besaß es auch.

Zell.

Eine Hofmarkt, wobey aber kein Schloß ist, in dem Bisthum Augsburg und dem Landvogtamt Neuburg. Allda hält sich ein Pfarrer auf, welchen das Exjesuiten-Collegium zu Neuburg präsentirt. Dieß Collegium ist auch davon Besitzer. Der Boden allda ist ziemlich gut.

Unterhausen.

Eine Hofmarkt ohne Schloß in dem Bisthum Augsburg, dem Landvogtamt Neuburg. Alhier ist eine Pfarrey, welche das Exjesuiten-Collegium zu Neuburg vergiebt. Dieses Collegium ist davon Besitzer. Die Landstrasse nach Schwaben gehet nächst vorbey. Sie hat guten Boden.

Hollenbach.

Eine Hofmarkt ohne Schloß in dem Bisthum Augsburg, dem Landvogtamt Neuburg. Allda wohnet ein Pfarrer, den das Exjesuiten-Collegium zu Neuburg präsentiret. Eben diesem Collegium gehöret auch diese Hofmarkt. Diese Gegend wird die Holzschupfen genennet und ist mit guten Grund versehen.

Huisheim.

Eine Hofmarkt mit einem Schlößel in dem Bisthum Eichstätt, dem Pflegamt Monaheim und eben der Pfarrey Huisheim. Den Pfarrer präsentirt der Burgermeister und Rath zu Wending. Sie ist dem Reichsstift Kaisersheim Ord. S. Bernard. zuständig. Die Jurisdiction dabey soll vermischt und die Jagd und anderes dabey getheilet seyn.

Diesenbach.

Eine Hofmarkt mit einem schönen und großen Schloß in dem Bisthum Regensburg, dem Pflegamt Regenstauf und der Pfarrey Regenstauf an dem Regen im Nordgau. Die von Vispach sollen es besessen haben. Das Exjesuiten-Collegium in Regensburg besitzt solche. Besagtes Collegium erkaufte dieselbe nach dem Zeugniß der Pflegamt Regenstaufischen Acten im Jahr 1677. vom Freyherrn von Griemal. Zur Zeit der Vacanz pflegen sich die Professores dieses Collegiums etwelche Tage daselbst zu erlustigen. Der Getraidboden trägt mittelmäßig Getraid. Wiesen, Holzwachs und einige Weyher gehören auch dazu.]

Neukirchen.

Eine Hofmarkt, oder vielmehr ein adelicher Sitz mit einem Schlößel in dem Bisthum Regensburg, dem Landrichteramt Burglengenfeld im Nordgau. Den Pfarrer dabey präsentirt die Landesherrschaft. Die Bauern gehören zum Landgerichtsamt Burglengenfeld. Dieß Schloß besassen ehehin die von Schneid und von Frenau, wie dann eine Fräule von Frenau von diesem Geschlechte solche innen hatte. Nachher hat sie ein Schmidtmeister von Schmidtmühlen erkauffet, daher ist sie dermalen keine Hofmarkt oder adelicher Sitz mehr. Dabey liegt guter Feldbau und werden viele Schaafe unterhalten. Nicht weit davon ist eine Kirche zu Ehren der heiligen Mutter Anna, ansonst der St. Annaberg genannt.

O. A. M. D. G. D. V. H.

Register.

A.
Adlersberg	pag. 193
Allersberg, M.	124
Allersburg	153
Amerfeld	148

B.
Baurnfinningen	180
Battersdorf	200
Bergen	65
Beretzhausen, M.	138
Bernardswald	163
Bergstetten	169
Bertolzheim	132
Blindheim	112
Blosenau	136
Burglengenfeld, St.	80
Bielenhofen	194
Burkheim, M.	114

C.
Calmünz, M.	175
Carlstein	189

D.
Dapfheim	180
Diesenbach	202
Dieteldorf	155

E.
Echobrunn	105
Edlhausen	183
Eichlberg	146
Emhofen	154
Emskeim	136
Enzenberg	168
Erlbach	165
Etterzhausen	171
Ettmanstorf	95

F.
Fronberg	96
Forstenberg	190
Froschau	127
Fünfstetten	159

S. Hanns-

G.		Huisheim	201
		Hunden	181
Gannsheim	131	Hilpolstein, St.	117
Gözelberg	162		
Gnadenfeld	158	**K.**	
Goshaim	149		
Graisbach	127	Kirchenedenharth	154
Grünau	63	Klapfenberg	165
Gundelfingen, St.	104	Kollersried	169
Gundelsheim	159	Kreuth	121
		Kürn	162
H.		Kuntzstein	160
Hackenberg	164		
Haitzenhofen	173	**L.**	
Haldeck, St.	121	Laaber, M.	166
Harlach	125	Laufenthal	168
Haselbach	95	Laugingen, St.	74
Haunzendorf	164	Leonberg	181
Haunzenstein	187	Loch	170
Heinsberg	188	Loch	144
Hemau, St.	145	Luppurg, M.	125
Hennenweidach	161	Luftenau	180
Herrnfinningen	180	Lutzmanstein	101
Herrnried	169		
Hirschlingen	184	**M.**	
Hochdorf	174		
Höchstätt, St.	110	Maria Medingen	147
Hofstätten	124	Markstetten	172
Hollenbach	201	Marxheim, M	130
Holzheim	179	Mendorferbuch	153

Mehren

Möhren	160
Möhrlach	120
Mollberg	200
Monnhelm, St.	132
Münchshofen	24

N.

Nabeck	24
Natterholz	159
Neuburg, St.	31
Neukirchen	202
Oberbechingen	148
Oberfrauendorf	174
Obermödlingen	147
Okermühl	149
Ottingen	158

P.

Painten, M.	171
Parsperg, M.	128
Perkheim	172
Pettendorf	191
Pilsheim	152
Pirkensee	182
Pollenried	197
Pruck	200
Puppach	152

R.

Rannerzhofen, M.	137
Rehberg	141
Regendorf	142
Regenstauf, M.	184
Reichertzhofen, M.	157
Rhorbach	155
Rothenfels	117
Rohrenfels	64
Ramspaur	183

S.

Saltendorf	92
Schlachteck	148
Schmidmühlen, M.	150
Schönhofen	170
Schrozhofen	174
Schwandorf, St.	96
Schweinspaint	131
Schweningen	112
Seibolsdorf	117
Sinningen	116
Spindelhof	184
Stadel	190
Stauffen	162
Steinberg	101
Steinsberg	145
Steppers	

Steppers	138	Unterfrauendorf	174
Stevinningen	176	Unterhausen	201
Struß	115	Unterliezheim	113
Stockau	157		

T.

Tagmersheim	134	Wellarth	92
Teublitz	181	Wilchenhofen	173
Thonhausen	188	Winnbuch	153
Traitendorf	156	Wiesen	188
Trackenstein	189	Wolfersdorf	164
Trugenhofen	149	Wolfseck	144

V.   Z.

Velburg, St.	103	Zell	120
Veldmühl	162	Zell	201
Uibersfeld	136	Zirgesheim	192
Undorf	170	Zirthelm	192

Errata.

Pag. Lin.	Statt	lies
1. 3.	Deß	Dieß
25. 10. 17.	Otting	Otting.
ibid. 17.	Wending	Wemding
ibid. 20.	Emkofen	Emhofen.
26. 9.	Erlabeck	Erlbeck.
32. 25.	Wolfgang adde:	Wilhelm.
33. 17.	Mansel	Mansee.
ibid. 22.	Chiersen	Chiemsee.
89. 14.	sag	sey.
98. 24.	P. 1. pag. 98.	P. 20. pag. 99.
ibid. 28.	Backersdorf	Wackersdorf.
103. 17.	Weisbeck	Wisbeck.
105. 1.	1705.	1505.
109. 24.	Seminarium Litteratorum ad S. Crucem.	Exjesuiten-Collegium.
ibid. 25	Seminario	Collegio.
113. 6.	Unterlinzheim	Unterliezheim.
ibid. 8.	Linzheim	Liezheim.
117. 1.	Khornfels.	Rohrnfels.
122. 15.	Fechberg	Fachberg.
123. ult.	Halbeck	Hilpolstein.
130. 22.23.	Landvogtamt Neuburg	Landrichteramt Monnheim.
151. 12.	Hundmühlen	Sundmühlen.
153. 12.	Walnab	Walrab.
154. 3.	Stockenburg	Bochenburg.
157. 7.	den	del.
161. 6.	Nonnenklosters adde:	Bergen.
164. 17.	Knesel	Boesel.
172. 25.	Spiring	Spiringk.
176. 10.	Kintenpurg	Riedenburg.

www.ingramcontent.com/pod-product-compliance
Lightning Source LLC
Chambersburg PA
CBHW021823230426

43669CB00008B/849